抑鬱自療

湯國鈞　李靜慧　呂慧詩 著

健康情緒自助系列（1）

抑鬱自療

作者／湯國鈞　李靜慧　呂慧詩

總編輯／馬鎮梅

責任編輯／伍詠慈

美術設計／許智超

出版發行／突破出版社

香港沙田亞公角山路33號突破青年村

電話：2632 0000　傳真：2632 0388

電郵：breakthrough@breakthrough.org.hk

網址：http://www.breakthrough.org.hk

http://www.btproduct.com

承印／海洋印務

2008年2月初版1刷

2017年11月初版4刷

Effective Self-help for Depression

by Anthony Tong, Rosa Lee & Wacy Lui

First Printing, First Edition, February 2008

Fourth Printing, First Edition, November 2017

Printed in Hong Kong

ISBN 978-962-8913-95-4

本書經文取自《新標點和合本聖經》，版權為香港聖經公會所有，承蒙允准採用，特此鳴謝。

誠邀閣下就突破出版社的書籍發表意見

歡迎加入突破書籍 Facebook page — http://www.facebook.com/btbooks.page

本書採用環保油墨印刷

心 理 診 療 所

關懷、連繫、復和、

溝通、對話……

凝視心之脈動，

直到重新尋獲自己的心。

目錄

李國謙序

現代人生活在一個頗弔詭的時代：我們有最先進的電子通訊儀器，但人與人之間卻缺乏心靈的溝通；我們有萬千豪華的屋苑，卻沒有家的感覺；我們擁有更多的學位，卻不見得有更多智慧；我們物質愈富足，心靈卻愈貧乏。這些現象都叫我們反思何謂心靈的富足、豐盛的人生……

在香港這個滿佈機會，但同時亦充滿壓力的社會，情緒健康已成為大眾關注的問題。我們經常在新聞中見到的家庭慘劇、自殺、虐偶虐兒等問題，背後都很可能涉及抑鬱、焦慮和憤怒等情緒困擾。如果每個人的情緒和壓力都得到適當的處理和調節，相信我們就可以擁有一個較健康的心靈、家庭，甚至是社會！

基督教聯合醫務協會一向致力推動全人健康，為市民提供優質醫療服務；並於 2003 年創立聯合情緒健康教育中心，為社區提供情緒健康教育，我們尤其重視正向心理的推廣。

這輯「健康情緒自助系列」，為讀者提供經驗證為有效而實用的情緒自助法。首先與讀者見面的就是本書——《抑鬱自療》，希望能為讀者帶來具體有效擺脫抑鬱心理的自助方法。

李國謙
基督教聯合醫務協會主席

何敏賢序

我和湯國鈞兄相識多年，也和他合作寫過有關抑鬱症的書籍。但當他邀請我替他及另外兩位作者合著的新書《抑鬱自療》寫序時，我心裏不禁憂喜參半。喜是可以先睹為快，閱覽一本自己感興趣的書籍；憂是假若書寫得不好怎麼辦？總不能胡亂吹噓，欺騙讀者吧！幸好讀完本書的手稿後，我的憂慮一掃而空。

湯兄有十多年治療抑鬱症的臨牀經驗。印象中他早年專注於認知行為療法，近年則廣泛地接觸不同的治療模式，包括靜觀治療、接受和承諾治療及正向心理治療等。作者在本書中嘗試披沙揀金，結集各種治療模式的精粹和自己治療抑鬱症的心得，幫助讀者對抗抑鬱，多元化的自助模式可讓讀者選擇適合自己的方法。

近年，湯兄用了很多時間推廣情緒健康教育，我相信本書定能提升讀者的心理健康，從而減低患情緒病的機會。如果以成立「聯合情緒健康教育中心」作為湯兄臨牀心理工作的分水嶺，這本書也可看成是他前期工作（臨牀治療）和後期工作（推廣心理健康）的結合，單是這一點已足以使我衷心向你推介此書。

以上我好像在分析湯兄本人多過這本書，這可能是我作為心理學家的職業病。現在我得向大家介紹本書的兩個特色。首先，很多西方的心理學詞彙和概念，作者都能用本地化的手法和用詞表達出來。這應該歸功於作者多年和病人接觸的實戰經驗；其次，書中所選的治療方法大都經過科學驗證，令人對其成效有一定信心。最後值得一提的是，好的心理自助書對有需要人士有一定幫助，但絕對不能取代專業的治療，這點要緊記。

何敏賢
香港大學心理學系副教授

姚家聰序

抑鬱症在香港的普及與迫切性，莫如現今。無論是在精神專科或家庭醫學診所，抑鬱症的確成了香港的「流行病」，社會急促的生活節拍與壓力，衍生多種情緒病及心理問題，殊足可慨。然這問題，是否「確不可易」？似乎未必！

從診斷的角度看，治療師要找出抑鬱的成因；從治療的角度看，病人與治療師之間的關係非常重要。治療師肩負攜領病人走過人生情緒谷底，引導病人衝破情緒病樊籠的重任。可是，客觀的因素造成治療的限制，例如很多時醫生平均只有 5 至 10 分鐘為每位病人診症，時間殊為不足。因此，本書之設，是為了讓患者及受情緒困擾者有更好的途徑，衝破客觀的限制，以自助形式得到適切的幫助。

聯合情緒健康教育中心在數年以還，為社區內公眾及情緒病患者貢獻了豐富的情緒教育工作。本書貫徹作者湯國鈞博士及其他兩位作者為改善社區情緒問題的厚忱，融合多年體驗，提出有研究及理論支持、實用並有效的解決方法，集為一帙；俱能深入淺出，令患者能夠依憑此書，重拾信心及自我提升情緒，以得對症而治之效。此外，本書會介紹正向心理作為抗抑鬱疫苗，助讀者邁向更積極的人生。

香港的抑鬱症問題雖然有加劇及深化的趨勢及危機，倘能循本治之，必能有所改善。本書實為一例，若要我現在向讀者推薦一本有關抑鬱症的實用書，捨此莫屬。我想抑鬱症這個問題，雖然今依舊「確」，但實可以「易」！

姚家聰
基督教聯合醫院精神科部門主管

作者序

曾經聽過一個故事：一名美國人和他的印第安裔朋友走過紐約車水馬龍的華爾街。忽然，印第安裔朋友對他說聽到蟬鳴，那美國人不相信，認為在繁囂的華爾街上是不可思議的。於是，他的朋友就帶他走到附近一條橫街上，那裏有幾棵大樹，樹上果然有蟬在叫。那美國人甚稀奇，覺得印第安裔朋友非常厲害，他卻說，這只是留心與否的問題。為求證這點，他從褲袋中掏出幾個硬幣，將它們拋出，隨着硬幣落地的聲音，附近不少人都轉身來看。印第安人氣定神閒地說：「你看！蟬鳴的聲音比硬幣擲地的聲音大得多，為什麼人們只聽到後者呢？這就是我們不同關注點的結果。」

這是個很有意思的故事，我們的關注確會決定我們能見到和聽到的事情。現代社會發展一日千里，科技確實為人類帶來不少方便和享受，提升了我們的生活質素，然而我們有否注意到，舒適和富足的生活並沒有帶來精神上的健康和心靈的滿足；相反，因都市壓力而產生的情緒病和心理問題有急速上升的趨勢。世界衞生組織預計，2020 年抑鬱症將會成為全球破壞力第二大的疾病，遠超過很多嚴重的長期性疾患，你我都有可能成為其中一個受害者呢！

「健康情緒自助系列」以抑鬱自療為第一個主題，就是因應抑鬱問題的嚴重性和迫切性，希望能透過本書為讀者提供實用有效的情緒自助方法，這些方法全都有足夠的心理學和心理治療的理論與研究支持。此外，本書還有以下特色：

- 包羅最新的心理治療和自助方法。
- 注重自助方法的多樣化和綜合性，為求適合不同需要的讀者。
- 書中每章都有案例參考和自助練習，非常實用。
- 本書不但助你改善抑鬱的問題，更會指示你尋找持久快樂的途徑。

我們相信每個人都有潛能改善自己的情緒問題，但有一點要提醒一下，藉着閱讀情緒自助書籍來解決問題總有限制，假使你的抑鬱問題頗嚴重或已被診斷患上抑鬱症，你應該一方面尋求專業治療（例如藥物治療和心理治療），另一方面以本書為輔助工具，與專業治療相輔相成。

當然，本書也極適合專業醫護或輔導人士作為參考或治療的輔助工具；或向病人、受助人推介本書，鼓勵他按書中的建議和練習去改善抑鬱問題，定收事半功倍之效！

湯國鈞
聯合情緒健康教育中心主席

特此鳴謝 Focus Psychological Enrichment Centre Co. Ltd. 於寫作此書時所給予的支持。

呂慧詩謹識

導言　抑鬱自療

1 抑鬱——影響全球的世紀「瘟疫」

希臘羅馬神話裏，有則「薛西佛斯推石上山」的故事。薛西佛斯（Sisyphus）欺騙了死神桑納托斯（Thanatos），而遭眾神之神宙斯（Zeus）懲罰。被打入地獄的薛西佛斯必須把巨石推上山頂才可以停止天譴，但每次巨石快要給推到山頂時，又會滾落到山腳，薛西佛斯只好永無止境地重複推動巨石。

受詛咒的薛西佛斯推着巨石，反反覆覆，永無休止，期望有天能停止受罰。他的行動和心境，相信用來形容患有抑鬱症的人士最貼切。患者希望早日康復，重過快樂的生活；但由於時常被抑鬱情緒纏擾，或受周遭壓力和突變影響，令病情反覆，漸漸出現一種有心無力的感覺。究竟陷入了抑鬱情緒的朋友，其處境是否就像受了詛咒，沒有晴朗的明天呢？

追求快樂相信是每個人的心願，但快樂並非必然，人生中有很多不愉快的經歷，幾乎是無可避免的，例如生離死別、患病、打擊、挫折和壓力，都可以奪去我們的快樂。香港是一個生活節奏急促的大都會，「壓力」彷佛已成為我們生活的一部分。加上現代社會的轉變愈來愈快，人際關係愈來愈疏離，競爭和壓力與日俱增；這種種因素都叫很多人不單不能快樂起來，且會容易陷入情緒低落，甚至抑鬱的狀態，嚴重的更會患上抑鬱症。

各地研究所得的驚人數字揭露了抑鬱症對我們的威脅，這對個人以至整個社會，都構成極沉重的負擔。可是，社會上仍有很多人對抑鬱症避而不談；很多有情緒問題的人，沒有主動尋求適當的協助或治療。

話你知

世界各地有關抑鬱症的統計數字

全球

根據世界衛生組織（World Health Organization）2001年的報告，重性抑鬱症在各種疾病所造成的負擔中排名第4，預料到2020年將躍升為最嚴重疾病的第2位，僅次於冠心病。每個人一生中，約有15%機會患上抑鬱症，患者平均會復發3次，影響包括個人生活質素、自我的幸福感、家庭關係、生產能力、經濟效益等，對社會造成嚴重的衝擊，無論是個人或社會都要付上沉重的代價。

中國

約有2,600萬人（2005年）患有抑鬱症，每年自殺人數達30萬，當中抑鬱症患者佔40%。

香港

香港大學香港賽馬會防止自殺研究中心2005年的報告指出，約40萬年齡介乎15-59歲的港人有嚴重的抑鬱徵狀，佔該年齡人口的9%，不過只有21.6%受情緒困擾的人士願意尋求專業協助。香港中文大學醫學院於2005年的調查亦估計，全港成年人口（18-65歲）的抑鬱症發病率是8.3%，與20年前沙田類似調查結果比較，估計香港抑鬱症患者人數上升約 4 倍。

台灣

抑鬱症所造成的非直接開支估計為 10.5 億美元，較直接損失的 3.52 億美元高出一倍多。

美國

美國人患抑鬱症的機會比 40 年前提高了 10 倍，平均病發年齡也由 30 歲降低至 15 歲，約 15-20% 的美國人一生之中至少會患上一次抑鬱症。

歐洲

超過 3,200 萬人（佔總人口 8.5%）被診斷患有抑鬱症。

（部分資料來源：國際精神科非牟利組織 Socio-Economic Burden of Depression（SEBoD）Initiative）

2 抑鬱不可怕

抑鬱令人最痛苦的地方，就是它使你以為人生是無望的，自己的前途一片灰暗。如果你真的以為是這樣，那就錯了！你的想法和感覺很可能是受了抑鬱思想的影響。抑鬱並非不能改變，抑鬱症亦非不治之症。我們絕對有樂觀的理由，現代的心理學和醫學文獻、研究和臨牀經驗，都明確地指出，抑鬱可以透過不同的方法去改善。對付抑鬱症，我們具備非常有效的治療方法。**所以，我們必須聲明，假如你已被診斷為患上抑鬱症的話，應該立即尋求適當的治療，不論是藥物或心理的治療，單是閱讀這本書或靠一己的能力是很難完全康復過來的。**不過，最好的治療也需患者本身的自助和努力來配合，事實上，情緒自助和自我管理本身也是心理治療的一部分。所以這本情緒自助手冊對你的價值，在於幫助你去改善自己的心理健康，這是勝過抑鬱所不能或缺的一環。

話你知

從古希臘到現代醫學

抑鬱症（Depression）不是現代醫學的新發現。約在公元前 450-350 年間，古希臘學者希波克拉底（Hippocrates）和他的跟隨者已在他們的著作 *Hippocratic Corpus* 中清楚列出三種需要心理治療的疾病，其中一種是憂鬱（Melancholia），即現時被稱為抑鬱症。

1913 年，由精神科醫生 Emil Kraepelin 撰寫首個有系統的精神科疾病分類手冊 *Textbook of Psychiatry* 中，亦有提及抑鬱症。

自此，抑鬱症一直都是精神科疾病分類手冊內的「重要成員」。由 1948 年世界衛生組織在國際疾病診斷標準

(*International Classification Of Diseases & Health Related Problems*) 第 6 版加入精神病分類（至今第 10 版，簡稱 ICD-10）；或由美國精神病學會（American Psychiatric Association）在 1952 年編寫第 1 版精神疾病診斷準則手冊（*Diagnostic & Statistical Manual of Mental Disorders*，至 1994 年已第 4 版，簡稱 DSM-IV），抑鬱症都穩佔一席位。根據世界衛生組織、世界銀行及哈佛大學的調查「疾病所帶來的損失」（The Global Burden of Disease）顯示，2020 年抑鬱症將成為全球排名第 2 的主要疾病。

3 心理自助的理論基礎

西方心理學和心理治療界近年極流行心理自助模式，其興起具幾方面的特殊因素。首先，心理輔導或治療服務永遠是不足夠的，有些估計指出社會上所需的心理治療服務往往是現存服務的 10 倍，即是大量需要這種服務的人一直得不到服務，這是一個現實資源有限的問題。

香港的情況比西方社會更為嚴重，因為香港的心理輔導或治療服務比後者更為缺乏，以至公共服務的輪候時間極長；而絕大部分的人都負擔不起私家治療的費用，所以說香港的情況要比西方國家更為嚴重，是不爭的事實。

第二，心理自助乃心理治療的重要元素，兩者有密切的關係。心理治療雖然有賴心理治療師的引導和開啟，但案主仍須願意努力學習如何改善自己的心理問題，學習有效的生活技能，以增強自己的心理資源去應付問題。

因此，本書的情緒自助原則和方法都是源自經驗證為有效的心理治療理論和方法，主要包括認知治療（cognitive therapy）、行為治療（behavioral therapy）、靜觀治療（mindfulness therapy），以及接受和承諾治療（acceptance and commitment therapy）。這四種心理治療的精粹分別為：

(1) **認知治療**　強調要認識自己思想上的盲點和陷阱，針對個人對事情的自動化想法和其背後的核心信念，加以修正，建立更健康正確的思維方式和信念，來改善抑鬱的問題。本書的第四章〈信能改變〉會助你檢視自己思想和信念上的問題，從而建立有益正面的思維。

(2) **行為治療**　主要是針對抑鬱所帶來的無助和退縮行為，以改變行為模式為治療的重點；認識有問題行為的成因（特別是環境因素）和學習改變這些行為的有效方法，例如行為分析、獎賞等。本書的第五章〈坐言起行〉會提供有效改變這些行為的自助方法。

(3) **靜觀治療**　主要是引導我們學習有意識地、不加批判、以接受的態度去專注於此時此刻自己內外的經驗，培育敏銳的覺察力和思考力，重建內在的智慧和動力，從而解開困擾和潛藏的不安情緒，重新掌握自己的生命方向和質素。本書的第六章〈覺知力量〉會助你掌握靜觀的方法，提升你的內在智慧，扭轉抑鬱的情緒。

(4) **接受和承諾治療** 是最新發展出來的認知行為療法。這套療法相信，抑鬱或其他情緒問題都源於我們情緒和思想上的錯誤理解和掌握。這套治療認為心理健康的關鍵是「心理彈性」(psychological flexibility)，要達致這點就須注意兩個重點：全然接受人生的真實，不去逃避痛苦的經驗;承諾追求和實踐自己的信念和價值，過一個意義為本的生活。本書第七章〈意義重尋〉就有這方面的介紹。

此外，本書的總結〈抗鬱疫苗：正向心理〉亦會為你介紹近年發展迅速的正向心理學(Positive Psychology)。這門學問專注研究正向心理和理想人生所需的心理和客觀條件，如樂觀、愉快、希望、抗逆力、美德與品格等，當中有很多理論和技巧可助你校正生命的方向，追求愉快正面的經驗，重建生活意義，這可能是戰勝抑鬱最徹底的途徑。

4 本書的目的和特色

當計劃寫作本書時，我們不想寫一本只是介紹抑鬱症的書，因為這方面的書已經有不少。我們認為，若果讀者患有抑鬱症或受抑鬱情緒困擾，單單認識一些抑鬱症或情緒健康的知識並不足夠。事實上，很多人可能患上了抑鬱症而不自知。我們希望透過這本書，幫助讀者認清自己的情緒問題，並加深了解應付情緒問題的方法。

本書建基於「情緒自助，人人做得到」的信念。我們不想寫一本深澀難明，滿是理論但不切實際的書。我們希望本書能深入淺出，對現實的問題提出實際的處理方法。所以當你認識了自己的情緒問題後，還要掌握情緒自助的方法，有效改善抑鬱。我們鼓勵你身體力行，嘗試應用本書所建議的方法改善抑鬱情況。這些方法都是根據心理學和醫學，尤其是心理治療和輔導方面的理論和研究，加上作者本身的臨牀經驗，匯聚而成。**這些方法被無數抑鬱症病人使用過，並證實有效；所以，我們相信只要你能認真地去學習這些方法，你的抑鬱情況一定有所改善。**

除了患上抑鬱症的朋友之外，本書也是為那些經常情緒低落、或受抑鬱情緒困擾的朋友而寫的，你可以用書中的方法去改善自己的情緒問題。如果你現在沒有抑鬱，但是希望預防自己被抑鬱情緒困擾，本書亦很適合你！事實上，「預防勝於治療」是非常重要的生活態度和原則。

本書除了是自助手冊外，亦會介紹現今最有效的抑鬱心理治療方法。如果你是從事輔導或心理治療的專業人士，這本書很適合你參考。你可將本書介紹給抑鬱症患者或受情緒困擾的人士，鼓勵他們依照書內建議的方法練習，作為心理治療的輔助。你更可以在輔導中與受助人一起討論本書內容，以達到最佳的治療效果。書中的內容和建議亦適合運用於小組治療或自助小組中，作為分享、討論和練習的練習本，相信對治療的成效有一定的幫助。

總括而言，本書是寫給以下人士：

- 你懷疑自己患上抑鬱症，或已被診斷為抑鬱症患者；
- 你沒有患上抑鬱症，但心情經常處於低落或沮喪的狀態，挫折時很易灰心，悶悶不樂，經常有悲觀負面的思想；
- 你的親友患上抑鬱症，本書可以幫助你了解他們及一些能幫助他們的方法；
- 你認為自己的情緒並無問題，但希望從預防的角度了解如何保持心情開朗，即使生活遇到挫折，也可以積極面對；
- 提供服務予情緒困擾人士的專業人士或義工。

4.1 如何使用本書

為了達到上述目的，書內會有下列 4 項環節，藉此融合理論與實踐，互相配合，期望有助讀者了解和實踐書中的方法：

討論區

參考專家臨牀輔導經驗而編寫的虛構個案，透視患者可能遇到的問題。

話你知

提供科學驗證的研究結果，讓讀者理解有關抑鬱症的資料和推介的自助方法。

提提你

在學習或運用書中提供的方法時，要額外留意的事情。

實戰區

依照各章主題設計的自助練習，鼓勵讀者進行實習、記錄和分享。

我們鼓勵你由第一章開始，順序讀到最後一章；有需要的話，亦可選擇先讀書中你最感興趣的部分。鼓勵你按書中的提示和練習去實踐，親身體驗比單是閱讀有效得多，不信？試試就知道了！

提提你

如果你依照本書的建議，嘗試了一段時間仍未能改善情緒問題，那就要立即尋求專業人士如精神科醫生、臨牀心理學家、社工或輔導員等協助。

參考資料

Centre for Suicide Research and Prevention [CSRP].(2005). *Research Findings into Suicide and its Prevention: Final Report 2005 July.* Hong Kong, SAR: University of Hong Kong , Faculty of Social Sciences.

Kesseler, R. C., McGonagle, K. A., Zhao, S., Nelson, C. B., Hughes, M., & Eshleman, S.(1994). Lifetime and 12-month prevalence of DSM-III-R psychiatric disorders in the United States: Results from the National Combordity Study. *Archieves of General Psychiatry,* 51, 8-19.

Murray, C. J. L., & Lopez, A. D.(1998). *The Global Burden of Disease: A Comprehensive Assessment of Mortality, Injuries and Risk Factors in 1990 and Projected to 2000.* Cambridge, MA: Harvard School of Public Health and the World Health Organization.

Smith, L. L. & Elliott, C. H.(2003). *Depression for Dummies.* Hoboken: Wiley Publishing, Inc.

World Health Organization.(n.d.). *Depression.* Retrieved from
http://www.who.int/mental_health/management/depression/definition/en/

香港健康情緒中心《香港成年人患抑鬱症的最新概況》(24/4/2005)
http://www.hmdc.med.cuhk.edu.hk/main.html

第一部分

從無助到自助

第一章　認識你的情緒

情緒乃一種複雜的生、心理過程，是自然而非故意產生的；通常涉及正面或負面的心理反應，包含感受、理解、現實的關係等元素在內。

——維基百科

1 「情緒」是什麼？

若想戰勝抑鬱，你首先要多了解並認識自己的情緒。情緒是很個人的，有其主觀性和客觀性；雖是與生俱來，但亦被後天成長經驗所塑造。根據 *Oxford Dictionary of Psychology*（2006），情緒的定義為：任何短期的評估、情感、意圖、心理狀態，當中包括快樂、悲傷、厭惡和其他的內心感受。**維基百科（Wikipedia）則指出情緒是一種複雜的生、心理過程，是自然而非故意產生的；通常涉及正面或負面的心理反應，包含感受、理解、現實的關係等元素在內。**

因此，情緒可說是一連串事件的組合，當中包括：

- 激發情緒反應的人物或情況（eliciting stimulus）
  【例：收到由丈夫發出的分居通知書】
- 感受（feeling）
  【感到焦慮、徬徨】
- 身體反應（bodily reactions）
  【心跳和呼吸加速、身體僵立、動彈不得】
- 表情（expression）
  【張大嘴巴但說不出話來】
- 認知（cognition）
  【「我應該怎麼辦才好？」】

不同的心理學派對情緒的產生有各自的觀點，有些看重身體的反應，有些看重個人的思考模式。例如根據坎巴二氏理論（Cannon-Bard theory），各種情緒的產生是由丘腦對大腦皮層刺激的模式所決定；而根據認知評估理論（cognitive-appraisal theory），各種情緒的產生是基於個人對導致事件發生原因的主觀詮釋。

2 情緒有用？

像身體的器官一樣，情緒亦是與生俱來的。它是我們的一個重要部分，甚至與我們的生存息息相關。學者普遍認為，人類有六種基本情緒，包括快樂、悲傷、厭惡、恐懼、憤怒和驚訝，而它們是各有功用的（Paul Ekman & Wallace Friesen, 1971; Strongman, 2003），現分述如下：

（1）快樂的功能

當我們感到快樂的時候，大腦的功能磁共振顯影（functional MRI）顯示大腦左前額葉皮層處於活躍狀態。悲傷時則恰恰相反，當我們感到悲傷、焦慮和憤怒時，大腦的杏仁核和右前額葉皮層便表現活躍，而左前額葉皮層（快樂時活躍的區域）則變為靜止狀態。

當我們感到快樂，腦部負責抑制負面情緒的部位便活躍起來，一方面讓我們從抑鬱中舒緩過來，另一方面使我們有精力面對生活的挑戰。

(2) 悲傷的功能

對大部分人來說，不再悲傷就是上好的祝福、甚至是一種福氣。要接受悲傷，實在不易。但如果我們細心分析悲傷時的經驗：對身邊有趣的事情提不起勁去參與，思緒整日圍繞着讓我們失落受創的情景打轉……我們就明白到悲傷的功用，就是幫助我們將分散在身邊事務的精力，重新集中在自我需要上。在悲傷中，我們往往就自己的言行、已失去的人和物，甚至是苦難和生命的意義作出深刻的反省，這樣有利我們適應更大的失落和創傷，並在痛定思痛中修正日後的生活模式。

創傷後的成長（post-traumatic growth），即從創傷經驗中獲得領悟和人格成長，是現今心理學家熱門的研究課題。在你成長的經驗裏，你可有「從痛苦中學習」的體驗呢？

(3) 厭惡的功能

細心觀察嬰兒感到厭惡時的表現：將臉別過去，手腳並用地推開所厭惡的人或物件；假如所厭惡的東西繼續靠近，嬰兒便會皺眉撇嘴，更可能嚎哭起來……「厭惡」這種與生俱來的基本情緒，可以幫助我們遠離可惡或無益的東西，避免受干擾或傷害。

(4) 恐懼的功能

當我們感到恐懼時，腦部的杏仁核便接收到「有潛在危險」的訊號，於是便展開一連串有助保護自身安全的反應：包括激發賀爾蒙使身體進入警戒狀態，讓我們能高度專注以應付潛在的威脅，並使血液流向骨骼肌肉，使我們能在頃刻間作出還擊或逃跑的反應。

跟恐懼相近的情緒是焦慮，但焦慮引起的反應相對地較恐懼為慢，可能是為了讓我們有多點時間去衡量自己的反應策略。現今心理學家正研究恐懼和焦慮這兩種相似卻不盡相同的情緒，是否因為由杏仁核的不同部分管理所致。

(5) 憤怒的功能

憤怒時血液會流向雙手，使我們的雙手注滿力量。古時的人為了生存，一雙充滿能力的手能擊退敵人，但現代社會不容以暴力解決問題。憤怒時腎上腺素激增，令我們身上有股強大能量，驅使我們勇敢地據理力爭，保護和爭取自己應有的權益。

從人際溝通的角度分析，憤怒時我們嚴厲的表情、不苟言笑的態度和高聲的言談，均促使對方留心聆聽和認真對待我們的訴求。

(6) 驚訝的功能

當周遭發生的情況與我們的經驗知識不協調時，驚訝是一種自然流露的情緒。在驚訝中，我們會變得警惕、精神集中和求知欲增加，官能感覺（包括視、聽、嗅、味和觸覺）會變得敏銳，目的是使我們加強了解周遭情況，應付潛在的威脅。從人際溝通的角度分析，在溝通時表示驚訝有助表露個人的價值觀，藉以跟溝通對象拉近或疏遠關係。

以上六種基本情緒，可以衍生出各種複雜的情緒。這些解說讓我們知道情緒不只是感受，也是日常行動的導向儀，所以我們要多認識自己的情緒。

話你知

正面情緒的威力

研究正面情緒的學者 Fredrickson 從調查和實驗中，引證正面情緒的功效。笑，代表人心境愉快，但正面情緒並非只是笑的代號，還包含內心的喜悅、對事物產生的興趣、滿足感和愛的感覺；若果我們時常經歷這些情緒，其影響力便能間接帶動下列的項目：

- 開闊創造力：有一個實驗，邀請參加者列舉運輸工具的種類。觀看笑片及收小禮物後的組別，所舉的答案竟包括升降機、駱駝等，比一般人提出的更有趣、更有創意。
- 擴展變化力：當收到一包糖果、觀看卡通或聽到讚賞後，我們的行為會產生變化，例如成人購物時的選擇較多樣化，小孩願意參與遊戲的種類增多，投入玩耍的時間也會增長。
- 提高推動力：一羣孩子參與實驗，在學習新事物前先回想自己的開心經歷，比沒有先回想便學的孩子，他們的吸收力和學習動機都較佳。這顯示正面情緒觸發他們對人和事的興趣，推動他們去追求了解真相。

- 提升社交能力：嬰兒微笑原來會加強照顧者對其疼愛，願意更多陪伴和接近他，是孩子日後建立安全感的深厚基礎；如此推論，若我們時常掛着笑臉，以愛影響他人，自然不難成為一位受歡迎的可人兒。
- 增強抵抗力（身體免疫力和面對困境的抗逆力）
  - ✲ 身體方面：實驗證明，當人看過輕鬆電影片段，相比看到傷感情節時，心臟血管回復正常運作的速度會較快，這表明正面情緒對身體起了正面作用。
  - ✲ 心理方面：擁有正面情緒的人，面對困難時會把焦點放在解決問題和搜集資料上，亦願意運用想像力和智慧去處理事情，並尋找一些正面的出路，增強抗逆能力。

我們不要小覷日常生活的美事，原來給別人送一份小禮物、一個笑容或一段鼓勵性的留言，已可令接收者內心泛起喜悅，帶出正面的效果。既然如此，我們就由這些平凡但可貴的行動開始，影響身邊的人和自己吧！

3 與你的情緒共處

當心愛的玩具給弄壞了，年幼的小孩會馬上嚎啕大哭。他們清楚自己有多難過，很少理會別人的目光，想哭便理直氣壯地哭，坦誠地表達自己的情緒。

假若你見到成年人因模型擺設被鄰居不小心打破而哭哭啼啼，你會同情他哭泣有理，還是幾乎想衝口而出說一句：「別那麼孩子氣好嗎？」

真情流露只是小孩的權利嗎？

成長過程中，照顧者的榜樣和社教化（socialization）的過程很多時候教導我們收藏情緒，抑壓情緒，甚至忘記個人感受。在地下鐵裏不難見到有父母叱喝發脾氣的孩子：「我依家數三聲你好即刻收聲，一，二，三！」「你係男仔都喊，你知唔知醜？」亦有父母一邊哄着孩子一邊說：「好啦，唔好再喊，再喊隔離阿姨會笑你！」這樣，孩子會意識到沮喪和憤怒是值得羞恥、被人看不起和令人討厭的情緒。不想被拒絕的孩子因此學習去抑壓情緒（例如：等到晚上窩在被褥裏才偷偷飲泣）。

推崇卓越成就的社會文化，使大眾的焦點放在個人成就上（例如：取得什麼專業資格），忙碌和成功彷彿成為自我價值的指標。導演張艾嘉有一首歌曲《忙與盲》，道出了都市緊張繁忙的生活，如何令人忽略了個人情緒：

「我來來往往，我匆匆忙忙。」

「忙的分不清歡喜和憂傷，忙的沒有時間痛哭一場。」

這是不是你的寫照？

我們跟自己的情緒漸漸生疏起來，對它的敏感度變得遲鈍，而它的面目日漸模糊，甚至被我們過分簡化至只有「開心」、「唔開心」、「好嬲」、「好煩」等寥寥幾種，又或者將之兩極化，變成只有「好情緒」和「壞情緒」。

人有情緒，就如同人有心臟一樣自然。留心自己的情緒就像注意自己身體一樣重要，是健康的身心不可或缺的一環。當情緒湧現的時候，欠缺情緒覺察能力的人會感到不知所措，因為情緒對他們來說就如擅自闖入的陌生人一樣令人驚訝。**只有具良好情緒覺察能力的人，才能在情緒泉湧時顯示出足夠的自信和自我控制能力。**

4 提升情緒覺察能力

情緒覺察包括：

(1) **覺察個人內在的情緒狀態**：我們能夠從自己的身體反應和想法中，覺察和分辨出自己單一（例：抑鬱）甚至是多種（例：抑鬱、焦慮和憤怒）的情緒。

(2) **覺察情緒的成因及所造成的影響**：了解自己的情緒是如何產生，以及它怎樣影響個人的言行、思想、人際關係、工作表現和自我概念。

如同學習其他技能一樣，情緒覺察能力可以經由反覆練習而獲得提升。下文會介紹一些有助提高情緒覺察能力的方法：

4.1 增加情緒詞彙

要認識身體，我們要能辨別出各部位的名稱。同樣地，要覺察情緒，亦須從掌握情緒詞彙開始。百科全書中收錄的情緒詞彙多達過千，雖然我們並非所有都用得着，但掌握豐富的詞彙確實有助我們準確地描述自己的情緒。

情緒詞彙參考網頁

中文網頁

http://www.plkhsn.edu.hk/qef/emotion/page2.htm

http://web.hku.hk/~jwilam/reading/lyric/emotion.htm

英文網頁

http://www.parentingbookmark.com/pages/Vocabulary.htm

http://encyclopediaoftheself.com/emotional-literacy-dictionary-vocabulary.shtml

4.2 了解各種情緒的特質

我們需要加強了解各種情緒的特質及其多重性，例如：覺察自己「唔開心」只能讓我們含糊地認識個人的情緒狀態，而覺察「憂鬱」、「悲傷」或「內疚」卻能提供更清晰、更具體的資料。因此，下回當你感到悶悶不樂的時候，請問自己：「我究竟感受到些什麼呢？」

4.3 從個人身體反應和想法中覺察情緒

要認識自己的情緒，你可依照以下方法來強化自己的情緒觸覺：

1. 找一個寧靜舒適的地方坐下來；

2. 閉目安靜；

3. 給自己充裕的時間，運用感官**（聽覺、嗅覺、肌膚觸感）**去察覺現在身處的**外在環境**及此時此刻的**身體狀況（例如：牙關是怎樣的？呼吸是怎樣的？胃部有怎樣的感覺？）**。問自己：「留意到些什麼呢？這些資料帶給我怎樣的感受？」

不要將感受（feelings）和想法（thoughts）混淆。例如：當留意到自己喉頭哽咽（**此時此刻的身體狀況**）時，

「我覺得很難過。」（**感受 / 情緒**）

「我覺得他過去實在辜負了我。」（**想法**）

別急於分析原因和找出解困方法，練習目的旨在提升情緒覺察能力。你可嘗試避免用「覺得」，取而代之運用「我感到……」和「我認為……」作句子開首來分辨感受和想法。

4.4 感受你的情緒

當情緒浮現出來，你要讓它停留，並仔細經驗和了解它。例如：假使經常困擾你的情緒是內疚感的話，你可嘗試深深的體驗一下自己的感受，並且反思以下的問題：

- 這種內疚感似曾相識嗎？
- 它在什麼時候出現過？
- 當時的情景是怎樣的？
- 它跟個人的成長歷史有任何關連嗎？
- 它如何困擾你？

請記着，覺察情緒的目的並非是要將自己馬上變得開心快樂。假若你因覺察到自己某種情緒而感到不安，可以嘗試問自己：

- 「我害怕覺察到哪種情緒？是孤單感？脆弱感？無助感？抑或是其他會使我碰到自己弱點的情緒？」
- 「我一直是怎樣避免觸碰到這種情緒呢？是逃避去想，還是否認它的存在？」

一般來説，逃避或否認自己的真情緒只會叫人更受困擾，更被這些情緒所控制，並不能真正改善情緒。

幫助提升情緒覺察能力的活動例如：

- 寫情緒日記
- 進行靜坐默想活動
- 每次挑選一種情緒，細緻地描述你的情緒經驗
- 每次挑選一種情緒作專題探討（閱讀、瀏覽網頁）

5 接納自己的情緒

請仔細思索以下幾點：

- 無人能夠時時刻刻都快樂
- 我跟其他人一樣，能感受到各種情緒
- 抑鬱只是我感受到的其中一種情緒，而非我全部的感受

- 我是一個有抑鬱情緒問題的人，而非一個抑鬱的人
- 儘管我情緒低落，但我跟其他人一樣值得被尊重
- 抑鬱影響了我的生活，但並非等於我生活的全部
- 抑鬱使我的工作表現下降，但自我價值並不建基於工作表現
- 接納自己的情緒，意即我不會因自己有這種情緒而貶低自己
- 我可以選擇如何對待及回應自己的情緒和想法
- 當我説：「我不能接受自己抑鬱」，我是選擇去拒絕自己的感受，而非欠缺能力去接受它
- 只要我願意，我是有能力去接納自己的情緒而不需要他人認同

接受和承諾治療是新一代的認知行為治療，強調的是我們應該以坦誠的心來接受自己所有的經驗，壓抑、逃避而不願意經歷自己的真實情緒，往往會帶來更壞的後果。所以，學習正面地接納自己的情緒經驗，是心理健康的基石。

6 結語

現在你對自己的情緒已有多一點認識，接着你可學到各種改善抑鬱情緒的方法。但我們想再次提醒你，先去了解並接納自己的情緒（當然包括抑鬱），然後才去改善和提升自己的情緒。沒有認識和接納的基礎，妄求改變的方法未必奏效，有時甚至會造成負面效果呢！

1. 情緒詞彙練習

情緒詞彙知多少
活動：在 2 分鐘內儘量寫下你能想及的情緒詞彙 快樂、暴躁、哀傷……

2. 試在未來一個星期，每天為自己寫下「情緒日誌」，以記錄特別明顯和不是十分明顯的情緒，試以詳細而準確的詞彙去形容這些情緒經驗。

日期時間	事件經過	情緒的詳細描述
		1. 感受：________ 2. 想法：________ 3. 身體反應：________ 4. 表達方式：________

3.　你有哪些情緒是特別難於察覺，甚或加以否定和壓抑的呢？

難於察覺的情緒	原因
1.	
2.	
否定和壓抑的情緒	**原因**
1.	
2.	

參考資料

Copeland, M.(1994). *Living without Depression and Manic Depression: A Workbook for Manintaining Mood Stability.* Oakland: New Harbinger Publications.

Ekman, P., & Wallace V. F. (1971). Constants across cultures in the face and emotion. *Journal of Personality and Social Psychology,* 17(2), 124-129.

Fredrickson, B.L.(2001). The role of positive emotions in positive psychology. *American Psychologist,* 56(3), 218-226.

Hayes, S. C., Strosahl, K. D., & Wilson, K. G.(2003). *Acceptance and Commitment Therapy: An Experiential Approach to Behavior Change.* N.Y.: The Guilford Press.

Plutchik, R.(1980). A language for the emotions. *Psychology Today,* Feb., 67-73.

Strongman, K. T. (2003). *The Psychology of Emotion: From Everyday Life to Theory* (5th ed.). Chichester, U.K.: Wiley.

Yapko, M. D.(1997). *Breaking the Patterns of Depression.* N.Y.: Doubleday.

黃惠惠（2002）著：《情緒與壓力管理》。台北：張老師文化。

葛琳卡（2007）著：《情緒四重奏》。香港：基道出版社。

第二章　我的情緒生病了 ?!

當人遇上巨變或不幸，出現悲哀傷感的情緒是人之常情。但若我們沒有好好的處理低落的情緒，會對身心健康帶來負面的影響，嚴重的更會演變成情緒病。

忽然抑鬱？

志高的學業成績一直屬於中上，大學畢業後便加入一所大公司工作，且在兩年後跟拍拖一年多的女同事結了婚。志高安穩的事業和家庭生活教旁人羨慕不已：有收入不錯的工作、有車、有樓、有賢淑妻子……「志高，你應該覺得自己好幸福啊！」老友阿誠看見志高眉頭緊皺、沒精打采的樣子，便拍着志高的膊頭安慰他。志高連忙點頭敷衍的漫應着阿誠，心裏卻嘀咕説：「是啊！我應該感到歡喜快樂才對，可是近月來心頭鬱悶的感覺卻又如此真實，我最近做任何事情都提不起興趣，仿似不懂得開心；腦子裏總是想着些不愉快的負面事情，生活完全失去了意義和滿足感，究竟我為何會有這些感覺呢？這樣下去，我真是極之痛苦啊！」

想一想：

你覺得為何生活得不錯的志高會突然抑鬱起來？有什麼可能的原因呢？

1　你抑鬱嗎？

所謂「對症下藥」，清楚了解自己的情緒健康狀況，有助尋求合適的治療方向。現在你可以嘗試完成下列的抑鬱量表，在過去一星期內，以下的感受、行為有多經常出現？請在合適空格加 ☑：

流行病學研究中心抑鬱量表

	很少出現、從未出現（少過 1 天）	間中出現（持續 1-2 天）	時常或一半時間（持續 3-4 天）	經常出現（持續 5-7 天）
1. 我被一些平時不會困擾我的事情困擾。				
2. 我不想吃東西，我的胃口很差。				
3. 即使有家人和朋友幫忙，我仍感心情低落。				
4. 我覺得自己比不上別人。				
5. 我難以集中精神做事。				
6. 我感到抑鬱。				
7. 我感到做每件事都很吃力。				
8. 我對將來沒有希望。				
9. 我覺得自己一生很失敗。				
10. 我感到恐懼。				
11. 我不能安睡。				
12. 我不快樂。				
13. 我比平時少說話。				
14. 我覺得孤獨。				

15. 我覺得別人不友善。				
16. 我不享受生活。				
17. 我會突然哭泣一段時間。				
18. 我感到情緒低落。				
19. 我覺得別人不喜歡我。				
20. 我做事提不起勁。				

計分方法：以上測驗改編自美國流行病學中心的流行病學研究中心抑鬱量表（The Center for Epidemiological Studies-Depression Scale，簡稱 CES-D）（Radloff, 1977），用以測試抑鬱水平。完成上列題目後，根據以下的計算方法，將各題的分數加起來，那就是你的抑鬱指數了：

	很少出現、從未出現（少過 1 天）	間中出現（持續 1-2 天）	時常或一半時間（持續 3-4 天）	經常出現（持續 5-7 天）
分數	0	1	2	3

- 若指數少於 15，你的情緒維持健康水平。但如個別抑鬱徵狀持續出現，仍須作進一步評估。
- 若指數在 15-21 之間，你的抑鬱徵狀水平高出標準，現時情況仍屬溫和、一般，我們建議你尋求專業協助。
- 若指數多於 21，你的抑鬱情況嚴重，宜馬上尋求專業協助。

提提你

每個患上抑鬱症的朋友，經歷和表現都不同，上述病徵只作參考之用，並非指每個人的抑鬱徵狀都是一樣的。**每個患者的經驗都是個人和獨特的**，有些人可能特別感到自卑和內疚，有些則可能感到特別絕望和灰暗，有些則會感到特別無力和思想遲緩。所以我們不應將抑鬱症的表現「樣板化」，這點對情緒自助或治療都極為重要。你必須了解自己獨特的情況，而作出針對性的努力以求自助，這才可收到最大的效益。

2 不快樂 vs 抑鬱症

診療室中，常有人問：「我覺得不開心，我是否患上抑鬱症呢？」

高興、憤怒、驚慌等皆是我們與生俱來的自然情緒反應。正如前章所述，各種情緒均有其獨特的功能，例如高興使我們心情舒暢；而不快樂的情緒則可以令我們專注傾聽自己內心的需要。

「不快樂」、「不開心」是抑鬱症的其中一種徵狀，但兩者在以下三方面均有莫大分別：

	低落情緒／不開心的情緒	抑鬱的情緒
長度（時間的持久）	短暫困擾	較長期的情緒困擾
闊度（對日常生活影響的廣泛性）	某一些生活範圍受影響	生活廣泛受影響（例如人際關係、工作表現、日常生活、自理等）
深度（情緒低落的程度）	程度輕微	程度嚴重

我們試以一個「情緒長方盒」來將一般不開心和抑鬱症兩者作形象化的比較：

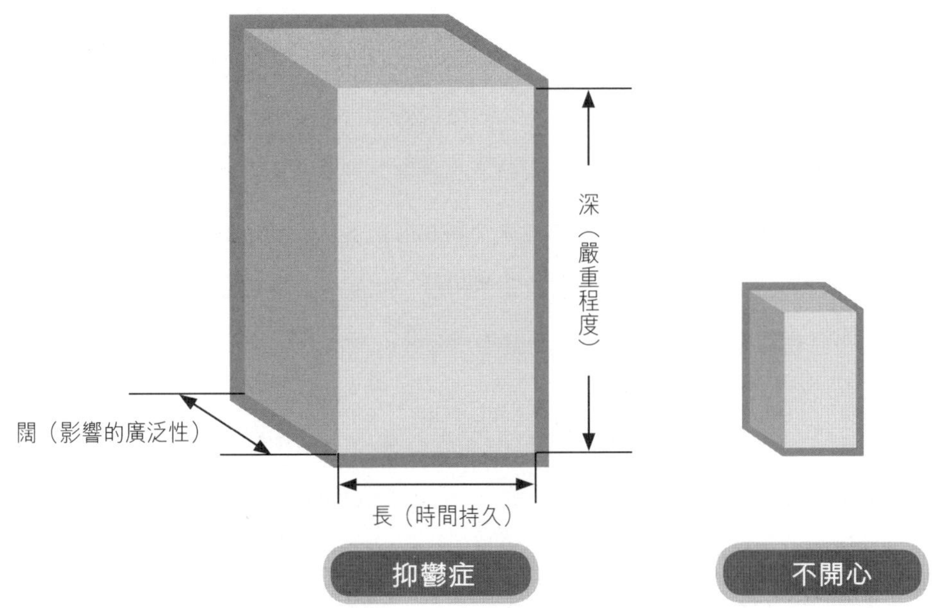

2.1 長

抑鬱症的低落情緒比一般「不開心」持續更長的時間：根據精神疾病診斷準則手冊——第四版 *(Diagnostic & Statistical Manual of Mental Disorder-Fourth Edition)*，抑鬱症患者至少 14 天內持續出現徵狀。

討論區

生命中不能承受的愛……

李太太，42 歲，結婚 23 年，全職家庭主婦，育有一女一子（17 歲和 14 歲）。

李太太和李先生感情一向都很疏離，惟因她覺得李先生是一個很顧家的人，所以一直都克盡己任照顧兒女。直至最近一年，她覺得丈夫由平時沉默寡言變得脾氣暴躁。在一次爭執中，他更憤然表示一直視她為泄慾工具。並説自結婚後不久，他便與另一位女子有私情。李太太知道後，便提出離婚，但李先生情緒平復後，卻表示希望維持這個家庭，又説會跟情人分手，又對妻子説盡甜言蜜語，承諾今後會很愛惜她。

李先生為表示回心轉意，既送李太太鑽戒，又每晚儘量回家吃飯，並騰出時間一家人去旅行。縱使如此，李太太心中充滿哀傷、憤怒、無奈和矛盾。二十多年的謊話令她對李先生的信任化為烏有，「泄慾工具」一詞粉碎了她的自尊。她亦不相信李先生已跟情人斷絕關係，但離婚又怕對不起子女；她既欠缺能力自力更生，又不能安然接受「失婚婦人」的稱號。

每當李先生上班及不在家時，李太太便覺得丈夫又去與情人見面。她每晚都要躺在一個令她心淡的「枕邊人」身旁，一個又一個她不懂得處理的問題每天在她腦裏盤旋。她開始失眠，對周圍的事物提不起興趣，甚至懷疑周圍的人歧視她。她開始在社交上退縮，避開朋友，甚至連家人也不想見，獨自一個人在鑽牛角尖，愈鑽愈痛苦。開始產生輕生自殺的念頭，感到絕望和生無可戀。

想一想：

你認為李太太的情況與一般的不開心有什麼分別呢？

2.2 闊

抑鬱症的低落情緒比一般的「不開心」對日常生活有更廣泛的影響，抑鬱症患者會同時出現下列 5 項或以上的徵狀，其中必須包括（1）或（2）的第一點。

（1）情緒方面

- 每天或絕大部分的時間都感到憂鬱。你還感到生活苦不堪言，無奈和無助，甚至常哭。

(2) 思想方面

- 對所有或大部分活動都興趣大減或完全失去興趣。
- 幾乎每天都覺得自己無價值或過分地內疚和自責。
- 反覆想到死亡，有自殺的念頭，甚至嘗試自殺。

(3) 身體狀況

- 體重明顯轉變（非因節食），驟降或驟升。例如在一個月內，有 5% 以上的體重轉變。
- 幾乎每天都失眠或過分嗜睡。

(4) 行為方面

- 幾乎每天都感到疲倦，或失去活力。
- 幾乎每天都感到難以集中精神，或較平時難作出決定。
- 幾乎每天都變得過分激動或遲滯。

討論區

一家之主＝一家之苦？

莊先生，32 歲，結婚兩年，育有一個 1 歲的兒子。

莊先生為人重情重義，但一向較自卑。中五畢業的他被親友李先生招攬到旗下公司任職受薪董事長。多年來，莊先生在李先生威迫利誘下向其他公司簽字借下巨債。到最近 3 個月，公司的另一股東李先生的父親終於發現公司賬目出現問題，向莊先生和李先生大興問罪。結果，李先生將所有責任推到莊先生身上，令莊先生飽受被親人背信棄義之痛，且面對中年失業危機和法律訴訟之苦。縱使公司因其他原因而未將他撤職，但他亦因情緒受了嚴重困擾，未能上班。

每天他都很嗜睡，但睡了 16 小時或以上後，仍覺身心疲累。對性完全失去興趣，對一直愛好的音樂也興致全消；集中能力很差，看半小時電視便跟不上劇情，且頭痛欲裂；他對聲音變得很敏感，若太太把電視機的聲浪調得稍為大一點或孩子哭，他便大發雷霆；他還經常責備自己因貪圖一時利益而弄至如斯地步，甚至連累家人。在最近 3 個月內，莊先生曾有 3 次嘗試自殺的紀錄。

想一想：

你認為莊先生的情緒、認知、生理和行為出現了什麼問題？

2.3 深

抑鬱症的低落情緒比一般「不開心」的程度更為嚴重，試想想：當你心情憂鬱，內心充滿自責，拖着疲倦的身軀，做事總提不起勁，你的生活會變成怎樣？

抑鬱症可以使患者的生活起嚴重變化，各方面都受到負面的影響，並非只是心情低落這樣簡單。你的抑鬱情緒使你對各種事物的想法都改變，看成是負面的。你的心情會變得沮喪、低落，感到空虛、絕望，甚至焦慮、憤怒或煩躁，自信心與自我形象大大降低。工作時難於集中精神，記憶力下降，並且難以作出決定，嚴重影響工作質素。加上你消極和悲觀的想法，會令同事和家人感到無所適從。由於你對活動提不起勁，所以會減少活動，也避免與人接觸；情緒反覆無定，易哭易鬧，也會嚴重影響人際關係。

討論區

中年中產路

陳先生，55 歲，已婚，沒有子女，任職大機構的中層管理 10 年。

雖然他是中產一族，但連番投資失利、樓宇「負資產」及多次被減薪，使他的經濟狀況只勉強達到收支平衡水平。近半年，他被調到新的崗位，工作量大增，而且上司「只求回報、不問付出」；下屬「只問為何要付出」，他還懷疑一位下屬多次寫匿名信向高層作出無中生有的投訴，令他不勝其煩。所以，近半年，他心情變得很低落和暴躁。他輾轉難眠，睡不安寧，經常在半夜醒來。幸好對他喜愛的戶外和羣體活動仍可勉強參與，亦沒有自殺的念頭。

雖然他能準時上班，但經常六神無主，對堆積如山的工作不知從何入手。每逢開跨部門會議，須在會中報告工作進度和向下屬分配工作時，他便頭痛欲裂。目睹自己的工作能力今非昔比，他不期然產生退休的念頭。但他對於退休是否能解決問題又有所保留：他既擔心不能適應退休生活，又怕因逃避問題而退休會使自己更自責和自卑。面對工作或退休的掙扎，陳先生感到心力交瘁。

想一想：

你認為陳先生的情緒如何影響其日常生活呢？

3 抑鬱有因

試完成以下的測試，考考自己對抑鬱症的認識：

1. 女性患上抑鬱症的機會率是男性的 2 至 3 倍。　是□　否□
2. 抑鬱症病發的最高年齡組別是 25 至 45 歲。　是□　否□
3. 有近親患上抑鬱症的人病發的機會是一般人的 1.5 至 3 倍。　是□　否□
4. 低下階層或少數族裔較易患上抑鬱症。　是□　否□
5. 社會愈進步愈現代化，患抑鬱症的人愈多。　是□　否□
6. 藥物和心理治療都可治療抑鬱症，兩者各有功效。　是□　否□

其實，以上各題的答案都是「是」。不要以為抑鬱症只是因為腦內血清素或其他腦神經傳遞物質失衡等生理原因構成；也不要以為抑鬱症只是個人心理的弱點所致。有關抑鬱症的數據和現象，說明了一個事實：**抑鬱症的成因很複雜**，並非只有一個單一的成因；**要明白抑鬱症，我們需要有整全和多角度的認識，當中包括生理、心理、社會、文化等多種因素。**

現在社會上似乎有一種趨勢，就是過分強調抑鬱症是一種由生理問題（例如血清素失衡）造成的疾病，所以必須接受藥物的治療。這種看法有其好處，但亦有其失實的地方。好處是患者可以這樣想：自己只是生了病，像身體的疾病一樣，只要求醫接受治療就可以痊愈。這種理解可以讓更多的人接受自己可能患上抑鬱症，而去主動求醫，不須因抑鬱而感到自責和內疚。

然而，這種片面的理解亦有其不足之處：它會令患者忽略造成抑鬱的個人和社會因素，例如現實的環境、過去的生活經驗、性格的問題、個人生活技能等，因而忽視個人和社會的責任。例如在個人方面，學習處理自己情緒的方法，對克服抑鬱極為重要。在社會方面，**如果我們單從疾病的角度去理解抑鬱的話，我們很易會忽略社會集體的責任，忽視造成抑鬱的負面社會環境因素，例如貧窮、家庭問題、惡劣的工作環境、社會關係冷漠和階級矛盾等問題**。如果我們只知改善個人心理質素和生活技能，而不致力消除不合理和不健康的社會條件的話，我們的社會很可能仍然會面對抑鬱症不停增加的事實。

事實上，很多人抑鬱的原因是與不合理或惡劣的環境息息相關的，而惟有脫離或改變這些惡劣環境，抑鬱的問題才可徹底解決。例如對處於一個被虐關係中的伴侶，或一個貧富懸殊問題嚴重的社會，只有盡力改變現實環境才是最有效克服抑鬱的途徑。

所以我們應從多角度去考慮抑鬱症的問題，其處理或治療的手法也應從多層面入手。你也需要以全面的思維去正視自己的情緒問題。**這本書強調的是：就算患上抑鬱，也不用氣餒和害怕，你有能力和責任去進行情緒自助和自我管理，你可以幫助自己，學習改變自己的思想、情緒、行為、生活方式，甚至外在的環境。**很多人都可現身說法，告訴你這真是可行的。

3.1 抑鬱的內外成因

總括來說，抑鬱症是由內在和外在因素互相影響而成的，現分述如下：

(1) 遺傳

研究顯示，患有抑鬱症的兒童，其父母有 1/6 至 1/2 的機會患有抑鬱症（Cicchetti & Toth, 1998; Hammen et al.,1990）。假若父母本身患有抑鬱症，其子女在一生中患上抑鬱症的機會比一般人高出 3 倍（Birmaher et al., 1996a, 1996b）。當然，這些數據並不證明抑鬱症的遺傳性，因患抑鬱症的父母可以透過他們的行為和影響直接增加子女患抑鬱症的機會。

另一點跟遺傳息息相關的是我們天生的脾性。有些人天生傾向樂觀，有些則傾向悲觀。多愁善感的孩子，容易發展出沉鬱的個性，自然亦容易受情緒困擾。

(2) 生理

研究顯示抑鬱症患者的腦神經有以下三種跟一般人不同的情況：

1. 血清素（Serotorin）偏低
2. 壓力激素皮質醇（Cortisol）偏高
3. 睡眠質素下降（REM sleep disturbances）

請注意，縱有這些生理上的差異，目前的研究並未有足夠的證據去斷定抑鬱症是因生理因素而引致的。

(3) 家庭／成長經驗

父母的管教和溝通模式會直接影響子女患上抑鬱症的機會。西方的研究顯示，有抑鬱症母親的青少年，患上抑鬱症的機會也比較高。其中一個誘因很可能是孩子受到母親的消極想法和抑鬱情緒影響，在耳濡目染下，使他容易抵禦不了現實的挑戰和失敗。

根據心理學家 Baumrind 的分析，專制型和放任型的父母容易令孩子不懂正確處理情緒。前者強制孩子絕對服從，這令孩子收藏和否定自己的情緒；後者則令孩子變得依賴或專橫，看輕別人感受，難與別人相處。這兩類孩子在成長路上，不善處理困難或人際問題，常常感到無助，影響自信心的建立。另外心理學家沙利文（Martin Seligman）認為，孩子時常被負面說話批評，其自尊感亦會變得低落，較易患上抑鬱症。綜合學者意見，我們可將父母管教模式與子女情緒健康的關係，用下圖表達：

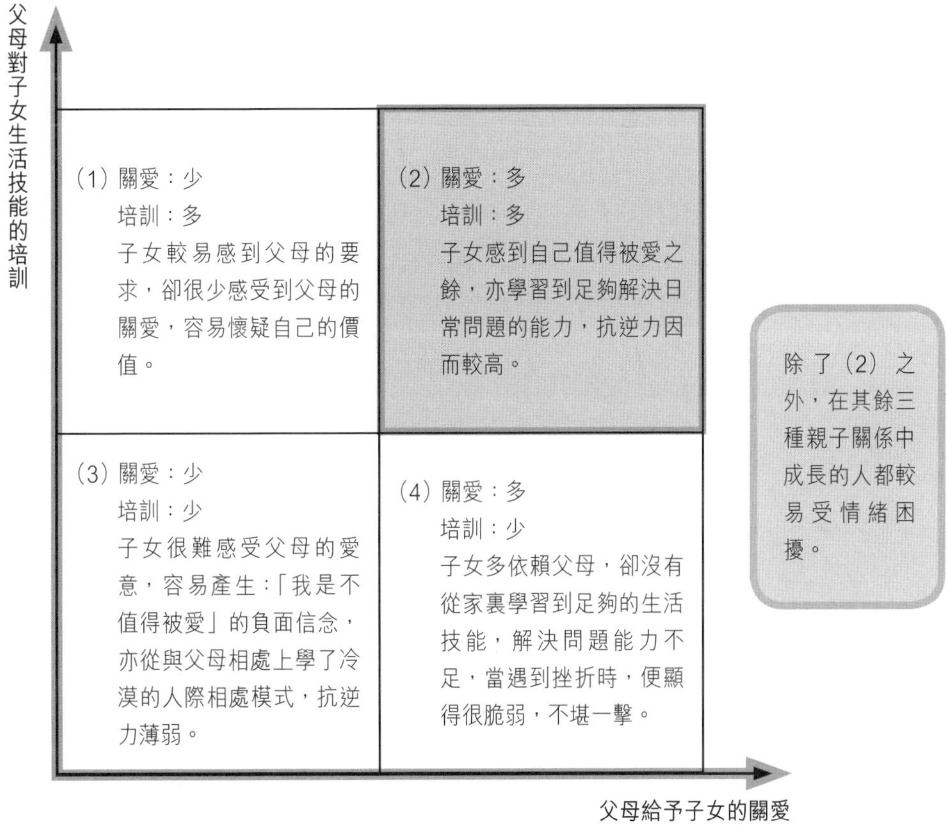

(4) 社會因素

過去一個世紀，抑鬱症明顯有增加的趨勢，當中與社會文化的變遷有密切關係。過去的社會強調穩定的社會環境和人際關係，由家庭以至社區，都是穩固而可意料的，離婚或轉工的情況不多見；相對於現代社會，個人承受的壓力和期望都較低，這是為何在過去的社會中，抑鬱症的病發率較現在為低的主要原因。所以，要明白抑鬱症的發展，就必須考慮社會因素的影響和變化。

(5) 心理因素

研究顯示（Beck, 1987; Seligman, 1975），以下是一些較容易患上抑鬱症的人士的心理質素：

1. 負面的思考模式（請參考第四章〈信能改變〉）

負面的想法會助長憂鬱的情緒，以下是常在抑鬱症患者身上出現的思考模式：

- 負面思想鐵三角 —— 以負面角度看自己、未來和世界；
- 歪曲思想類型 —— 令人判斷偏差和鑽牛角尖的慣性想法；
- 悲觀的解釋模式 —— 通常以下列的形態解釋自己的失敗：

  「我永遠也不會成功！」（永久化）

  「我做任何事也一敗塗地！」（普遍化）

  「我是失敗者，我要負全責！」（內在化）

2. 應付壓力和處理情緒的能力不足

不少人輕視情緒和壓力帶來的影響，對它們置之不理或以負面的手法處理，當壓力愈來愈大時，情緒亦隨之起伏，造成惡性循環。面對壓力，很多男性少談感受，不開心便借助煙酒解愁，甚至訴諸暴力來宣泄；而很多女士則透過吃喝或購物來暫忘不愉快的情緒，或封閉自己，逃避問題。

3. 欠缺適當地解決問題和人際溝通的技巧

試想想，在萬里無人的公路上，你迷途了，忽然見到一輛無人看管的車子，但你卻不懂駕駛，又如何開動車子前往目的地呢？面對生活和人際關係亦然，我們若期望自己能順利處理困難，適切的技巧會為我們減省不少障礙，令問題迎刃而解。

4. 錯誤的理解與期望

抑鬱的情緒往往是來自嚴重的挫敗感，假若我們過分注重成敗得失，或對自己和事物抱太高的期望，便容易產生挫敗和不滿，若無法釋懷的話，就可能變成抑鬱。面對人生的不幸和失意時，懂得如何調校自己的期望和理解，乃情緒健康的關鍵。

3.2 引發事件

除了以上的因素，抑鬱症通常都與其引發的事件有關。引發事件可能是一件對當事人構成嚴重打擊的事情，例如親人離世、離婚、失業、患病、人際關係破裂等；也可能是一連串的壓力事件，或一些高壓極不健康的處境，例如在受虐待的環境之中生活。當這些打擊或壓力事件的分量超越當事人所能承受和應付時，就很可能會產生抑鬱等情緒問題。有一點值得留意的是：同一件壓力事件或打擊，會對不同的人產生迥異的後果和影響，這視乎個人的心理質素、性格、抗逆力和身邊的支持系統，所以不能將引發事件的影響一概而論，應就個別情況作出分析。

抑鬱的內外成因

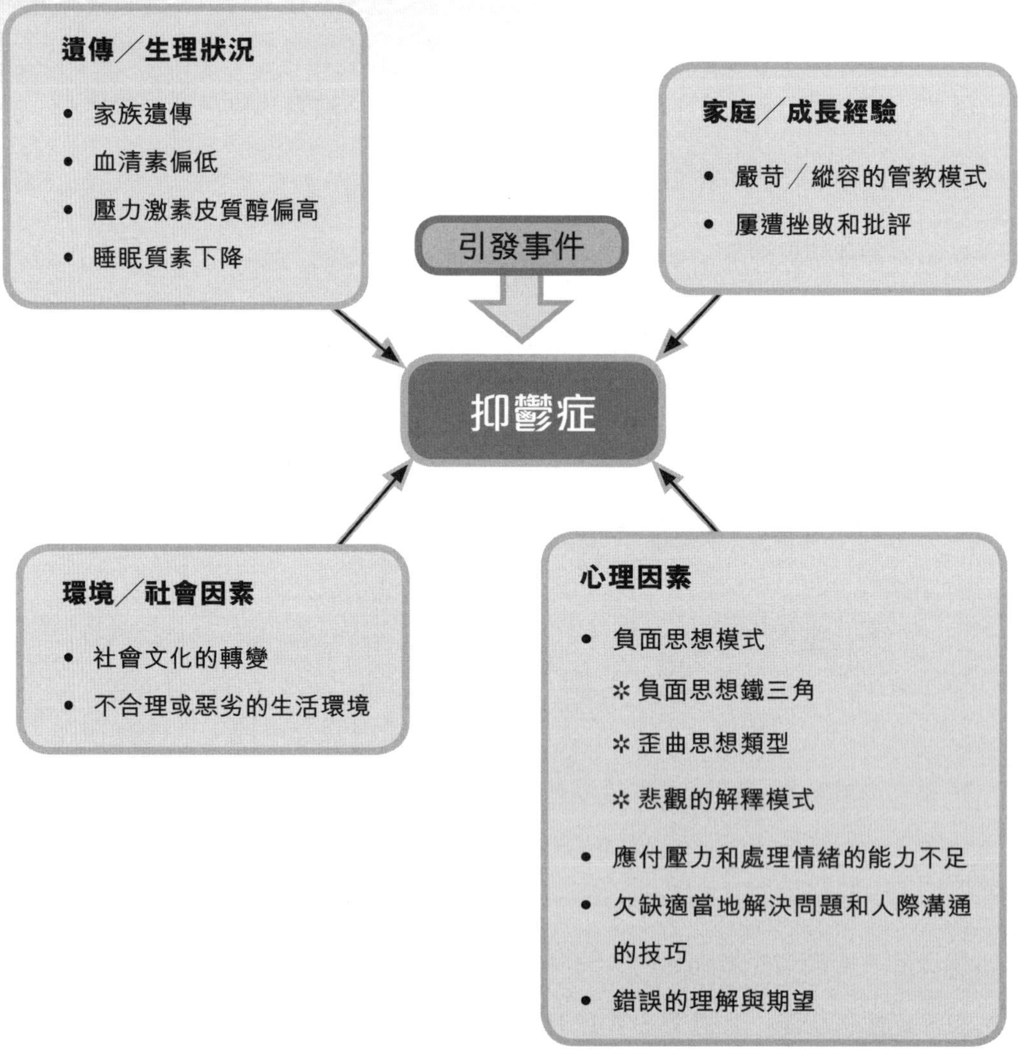

遺傳／生理狀況

- 家族遺傳
- 血清素偏低
- 壓力激素皮質醇偏高
- 睡眠質素下降

家庭／成長經驗

- 嚴苛／縱容的管教模式
- 屢遭挫敗和批評

引發事件

抑鬱症

環境／社會因素

- 社會文化的轉變
- 不合理或惡劣的生活環境

心理因素

- 負面思想模式
  ✲ 負面思想鐵三角
  ✲ 歪曲思想類型
  ✲ 悲觀的解釋模式
- 應付壓力和處理情緒的能力不足
- 欠缺適當地解決問題和人際溝通的技巧
- 錯誤的理解與期望

4 其他有憂鬱特徵的情緒病

在 2.1 至 2.3 所介紹的病徵，主要是屬於重性抑鬱症（Major Depression），除此之外，根據《精神疾病診斷準則手冊》，有憂鬱情緒的病症還有以下幾種：

(1) 低落性情感疾患（Dysthymic Disorder）

低落的情緒持續了兩年或以上，而且只要有以下兩種或以上的情況出現的話，便有可能患上低落性情感疾患。低落性情感疾患與重性抑鬱症很相似，只是前者的症狀較輕和持續時間較長：

- 胃口很差或過分嗜吃
- 失眠或過分嗜睡
- 沒精打采或常感到疲倦
- 常自我批評，總覺得自己做得不夠好
- 專注力或決斷力減弱
- 常感到未來沒有希望，情況沒有變好的餘地

(2) 一般性身體狀況造成的情感疾患，附隨有憂鬱特質（Mood disorder due to a general medical condition, with depressive features）

抑鬱徵狀的成因不是一般生活壓力如失業、關係破裂等問題所引致，而是由於個人身體患病而引致以下情況：

- 未能接受自己患病（如中風、癌症、紅斑狼瘡、柏金遜症、甲狀腺功能低下症等）
- 未能接受或適應病徵（如柏金遜症的手震、紅斑狼瘡的臉紅、中風引致半身不遂等）
- 未能接受或適應治療過程或治療的後遺症（如用化療醫治癌症後引起脫髮或牙齒變黑的情況）
- 未能接受或適應因病而喪失的能力（如自理和工作能力等）

(3) 物質誘發之情感性疾患（Substance-induced mood disorder, with depressive features）

在濫用藥物時、癮發時、戒斷時或戒斷後的一個月內情緒變得低落，屬於物質誘發之情感性疾患，包括：

- 酒精（如：酗酒）
- 藥品（如：咳藥水）
- 毒品（如：鴉片、安非他命、鎮靜劑）
- 其他物質（如：天拿水）

(4) 哀傷（Bereavement）

由於痛失至親或所愛的人，甚或寵物逝世，而產生的情緒疾患。

(5) 適應性疾患（Adjustment disorder with depressed mood）

人生不如意事十常八九，遇上環境突變，例如：

- 被裁員的你難以面對要不停尋找工作；在面試時，被質疑以往的工作經驗或多次見工失敗。
- 新移民的你面對親友不在旁，人生路不熟，言語不通或被當作為次等公民的待遇。

面對生活轉變，適應上有困難，在三個月內，情緒因而低落、常哭、感到生活無味，對未來失去希望，對自己失去信心，便有可能患上適應性疾患。

(6) 雙極性疾患（Bipolar affective disorder）

情緒起伏很大，一時情緒很差，萬念俱灰，不停自責；而低落的心情持續一段時間，卻又突然轉變，變得興奮莫明，精力旺盛，自信心過度膨脹，滿腦子鴻圖大計，亦可能因而衝動地投資或消費。這種情況便有可能是患上抑鬱症和躁狂症的結合——雙極性疾患，或稱躁狂抑鬱症。

5 結語

「人非草木」，我們遇上巨變，如親人離世、被裁員、患重病等，出現悲哀傷感的情緒是人之常情。但若我們沒有好好處理低落的情緒，對我們的身心健康會帶來負面的影響，嚴重的可演變成情緒病。

自我探索：我情緒低落的因由

1. 內在因素

☐ 遺傳／生理因素

☐ 家庭因素／成長經驗

☐ 心理因素

2. 外在因素

☐ 生活壓力事件

☐ 家人／社交／實際資源的支持

參考資料

American Psychiatric Association(1994). *Diagnostic and Statistical Manual of Mental Disorders*(4th ed.). Washington, DC: Author.

Birmaher, B., Ryan, N. D., Williamson, D. E., Brent, D. A., & Kaufman, J.(1996a). Childhood and adolescent depression: A review of the past 10 years. Part II. *Journal of the American Academy of Child and Adolescent Psychiatry,* 35, 1575-1583.

Birmaher, B., Ryan, N. D., Williamson, D. E., Brent, D. A., Kaufman, J., Dahl, R. E., Perel, J., & Nelson, B.(1996b). Childhood and adolescent depression: A review of the past 10 years. Part I. *Journal of the American Academy of Child and Adolescent Psychiatry,* 35, 1427-1439.

Beck, A. T.(1987). Cognitive models of depression. *Journal of Cognitive Psychotherapy Institute Quarterly,* 1, 5-37.

Baumrind, D.(1989). Rearing competent children. In W. Damon(Ed.). *Child Development Today and Tomorrow*(pp. 349-378). San Francisco: Jossey-Bass.

Cicchetti, D., & Toth, S. L.(1998). The development of depression in children and adolescents. *American Psychologist,* 53, 221-241.

Hammen, C., Burge, D., Burney, E., & Adrian, C.(1990). Longitudinal study of diagnoses in children of women with unipolar and bipolar affective disorder. *Archives of General Psychiatry,* 47, 1112-1117.

Radloff, L.(1977). The CES-D scale: A self-report depression scale for research in the general population. *Applied Psychological Measurement,* 1, 385-401.

Miller, W. R., Seligman, M. E. & Kurlander, H. M. (1975). Learned helplessness, depression, and anxiety. *Journal of Nervous and Mental Disease.* 161(5), 347-357.

Seligman, M. E. P.(1992). *Helplessness: On Depression, Development, and Death.* San Francisco：Freeman.

Smith, L. L. & Elliott, C. H.(2003). *Depression for Dummies.* Hoboken: Wiley Publishing, Inc.

U.S. Department of Health and Human Services(1999). *Mental Health: A Report of the Surgeon Genera.* Retrieved from http：//www.surgeongeneral.gov/library/mentalhealth/toc.html

第三章　抑鬱的治療與自助

本書的情緒自助方法多以治療抑鬱症最常用的認知行為療法（Cognitive-behavioral therapy）為理論根據演變出來，此種療法的重點是：要改善情緒，由思想和行為兩方面入手，最為見效。

1 治療抑鬱症的主要方法

在香港，治療抑鬱症的方法愈來愈多樣化，要選擇最適切的方法並不容易，大家先要了解自己的情況及多認識各類治療方法的特點。

1.1 藥物治療

治療抑鬱症的主要藥物是抗抑鬱藥，劑量因人而異，主要根據藥物種類、患者的身體狀況、年齡、體重等來決定（詳見附錄一：〈抑鬱症藥物治療知多少〉）。醫生不單提供藥物治療，更會為求診者作全面的病況評估，了解其抑鬱的成因及程度，並於需要時作出相應的服務轉介。求醫的途徑包括：

(1) **家庭醫生**：很多人遇有輕微病患或希望作初步診治時，便到私家診所求醫。醫治抑鬱情緒同樣可向這類醫生尋求協助，近年部分家庭醫生亦有接受短期及持續的訓練，學習醫治情緒病及處方精神科藥物。當然，家庭醫生會判斷患者的病情，考慮轉介私家或公立醫院的精神科醫生，以作更適切的治療。

(2) **公立診所**：即所謂「排街症」，公立診所的醫生跟家庭醫生作用相若，醫生若發現患者病情嚴重，便會轉介其他專科服務。

(3) **精神科醫生**：屬專科醫生，他們治療精神問題的臨牀經驗，及對精神科藥物的認識都較豐富。大部分精神科醫生均於公立醫院工作，大部分病人會在精神科門診部約見診治。病情較嚴重的，例如有嚴重自殺傾向及對藥物反應過敏者，可能要留院作詳細治療。私人執業的精神科醫生，同樣可為患者處方及作其他服務轉介，輪候時間較快，但費用相對較高。要尋求精神科醫生診治，你可以瀏覽 http：//www.fmshk.com.hk/hkcp/12.htm 上載的香港精神健康條例認可醫生名單。特別一提，部分醫生亦會在治療時，運用心理治療技巧協助患者減低情緒徵狀。

1.2 心理治療及心理輔導

心理治療的目的是幫助抑鬱症患者了解抑鬱的成因、對生活的影響和學習處理方法。治療目的包括：1 接納和疏導負面情緒；2 學習新的技巧和生活模式，藉此改善抑鬱情緒及解決困難；3 改變固有的負面思考方法和行為。治療方法以對話為主，有時亦會輔以筆錄及實踐練習來加強果效。治療人員通常會在一個安全和保密的環境下，向接受心理治療的對象探討以下內容：

- 成長經歷
- 人際關係
- 深刻／別具意義的傷痛
- 自我形象
- 處理壓力和情緒的態度和方法
- 生命的方向和意義

治療人員的角色有別於家人或朋友，他們在治療過程中，會運用心理技巧，協助受助人客觀全面地了解問題的癥結，並期望達到理想的改變。在香港，提供心理治療的專業人員有：

(1) **臨牀心理學家**：必須持有本地認可的臨牀心理學碩士或以上的學歷。臨牀心理學是一門應用心理學的專科。臨牀心理服務是以心理學的理論、科學研究和臨牀經驗作為治療的基礎，主要是提供有關精神健康的評估和治療。香港現有數百位臨牀心理學家，大部分在政府部門、醫院管理局、社會服務機構及大專院校工作。求診人士通常不會第一時間直接與臨牀心理學家接觸，多數須經由醫生、社工或其他專業人士轉介；亦有部分臨牀心理學家是私人執業的，市民可經轉介或直接求診。為保障個人權益，在尋找臨牀心理服務時，應謹慎留意執業人士的專業資格。市民可瀏覽香港心理學會的網站 http：//www.hkps.org.hk，尋找「註冊臨牀心理學家的名單」，亦可致電 2549 0364 香港心理學會查詢。

(2) **社會工作者**：持有社工學士或以上學歷，並於香港社會工作者註冊局申請成為註冊社工。他們主要在政府部門、醫院及社會服務機構工作。社工主要處理人與環境之間的協調，以助人自助為依歸，進行改善家庭、居住或經濟環境、資源分配，建立社區支援網絡及社區教育等工作，亦會提供個人和家庭輔導服務。他們往往是求助者第一個接觸的專業人士。社工會作初步評估，如有需要，會將個案轉介給精神科醫生、臨牀心理學家，亦會協助提供其他支援服務，如訓練小組和社交活動等。

(3) **輔導心理學家和輔導員**：持有輔導學學士或以上學歷，或其他本地專業認可的輔導資格，以輔導心理學理論為受助人進行心理輔導。他們較多在私人機構工作或私人執業。

(4) **精神科醫生和家庭醫生**：精神科醫生和部分曾受精神科訓練的家庭醫生，亦會為求診人士提供心理輔導與治療，並在有需要時提供藥物治療。

選擇合適的治療人員時，有兩項情況必須留意：

（1）**治療理念與手法**：有些治療人員或專長某類心理治療法，例如家庭治療師集中處理家人互動關係、運用認知治療法的人員則主要處理習慣性負面思考模式等。患者在接受治療前，宜多了解治療的主要手法，以便選擇合適的治療人員。

（2）**互信和合作的關係**：心理治療的時間有長有短，成功因素涉及多方面，包括患者問題的複雜程度、對治療的反應和其他因素（如個人渴求改變的決心、藥物反應、社交支援的強弱等）。不論使用哪種療法，最重要是患者與治療人員必須建立互信和合作的關係；患者要有耐性和決心，願意坦誠地探討問題，才能逐步處理情緒困擾。

1.3 情緒自助

到底人是否真的可以情緒自助呢？心理學的理論和研究結果都肯定這點。文獻顯示，只要情緒的問題不是太嚴重，而當事人又願意努力嘗試和實踐所學的方法，情緒自助的確可以改善抑鬱的問題。**本書的情緒自助方法大多是以治療抑鬱症最常用的認知行為療法（cognitive-behavioral therapy）為理論根據演變出來的，此種療法的重點是：由思想和行為兩方面入手去改善情緒，最為見效。**

討論區

尋找快樂高人

阿明和阿偉過去一年同受抑鬱情緒困擾，一次阿明到醫院覆診碰上阿偉。「阿偉，你好嗎？自從幾個月前的講座後便沒見過你，你近況如何？」阿明關心地問候阿偉。

阿偉吐苦水道：「唉！原地踏步，時常不開心。我覺得那些講座幫助不大，講者說的我全都聽過，所以不去也罷！你真幸運，被編排接受陳醫生診治，個個病人都說他是最好的，我遇到的都很差勁！」阿明問：「你看的專家也很有經驗，問題在哪兒呢？」

阿偉回答：「有經驗？醫生給我的藥必定有副作用，吃完會更加沒精神，你叫我如何放心吃？心理學家教我改變思想，我試了數次，覺得無效便沒再做，又説要多安排活動，我哪有心情呢？……説到底，抑鬱症是很難治愈的，你的進展不錯，是找了什麼高人替你醫治呢？介紹給我吧！」阿明一臉自豪地説：「阿偉，那個高人便是我自己。當我明白專家對抑鬱症的講解和所教導的方法後，我便叫自己耐心地學習，有些方法成功，有些則不理想；但我知道要令自己開心，不靠自己，還可以期望別人為我做什麼呢？」

想一想：

你認為什麼因素令阿明和阿偉的病情有這麼大的分別？

若果你曾嘗試情緒自助，或尋求治療而成效未見顯著，可能的原因包括：1 引致抑鬱的環境因素沒有改變；2 學習的是一套無效和未經驗證的自助方法；3 自己欠缺信心和決心去改善情緒；4 內心存有對抑鬱的錯誤想法和理解。你可以自我檢視一下（用 ✓ 表示），到底是否抱有以下對抑鬱情緒的信念：

- ☐ 抑鬱症完全是生理的問題，與心理自助毫無關係。
- ☐ 情緒是自然產生的，我無法改變它。
- ☐ 抑鬱是因環境和身邊對我不好的人造成的，我再努力也無用。
- ☐ 我一定要完全依賴藥物或別人，才可克服抑鬱這個問題。
- ☐ 抑鬱症是不能治愈，不會康復的，我是白費氣力。
- ☐ 抑鬱也有很多好處，起碼我不用面對現實中難纏的問題。

如果你抱有以上的信念，你的情緒就難以得到改善了，這些信念只會叫你對本書的提議和自助方法無動於衷，也不能受惠於這些方法。這實在非常可惜，事實證明很多人已經受惠於這些自助方法，這些方法也是非常有效的，只要你願意嘗試和實行，情緒必會大大改善。

2 情緒自助基本原則

若希望學會情緒自助，你就要先了解和運用情緒自助的原則，才可收事半功倍之效。

2.1 情緒並非無中生有

情緒並非無中生有，它是現實與主觀關係的反映，不斷反映你的現實情況與內心世界，是兩者之間的直接橋樑。若你有能力改變令你不快的現實環境，解決令你痛苦的源頭，對你的情緒當然很有幫助；但現實的限制往往很多，更實際的是改變自己的意願和想法，例如放棄一些不切實際的期望，這樣會使你的心情相應地改變過來。所以明白及掌握「心的管理學」，能叫你的抑鬱情緒大大改善。

2.2 不要逃避和壓抑情緒

面對抑鬱情緒，你最易犯的毛病就是一心只想控制或逃避，但往往會弄巧反拙，並不能改善抑鬱。情緒是一種經驗，最健康的面對態度就是嘗試接納和了解它，然後才談得上轉化。逃避只會令你更痛苦，並不能真正改善情緒。

2.3 不可縱容自己的情緒

另一種無益、不健康的態度就是縱容自己的感受與情緒，認為自己沒有辦法和能力去管理情緒，容讓抑鬱情緒完全控制你和你的生活，放棄努力和掙扎。其實，我們每個人都有改善和管理自己情緒的能力，你所欠的可能是一些有效的方法和正面的經驗，這本書就是為增強你這方面而寫的。

2.4 情緒並非無法控制

抑鬱的人往往相信情緒是不受控制的，自己的心情就像缺了舵的船一般，在大海隨處飄流。但這並非事情的真相，其實你是有能力、亦有必要妥善管理自己的情緒。情緒就像一匹野馬，若我們懂得馭馬術，就能馴服這匹野馬，為我們所用，相信本書可以幫助你學會這種技術。

(1) 改變情緒先要接納情緒

情緒這回事很弔詭，你愈不想認識它，或愈想去逃避它，它就愈會纏擾你，或為你製造更多的麻煩。但偏偏很多人因為害怕面對自己的負面情緒而選擇逃避。其實，要做情緒高手的第一步就是好好去接納和認識自己的情緒，不論是好是壞，它只是我們對事物的一種反應而已，我們無必要受它控制。了解自己的情緒是難得的成長機會，用平常心去對待情緒是心理健康重要的一步。

(2) 改變情緒先要改變思想

也許你以為你的情緒與自己的思想風馬牛不相及，不明白為何改變情緒的先決條件竟是改變自己的思想，但事實上在大多數情形下，情緒都是與你的想法有關。現在試想像一下：假如你突然被公司解僱，你的感受和情緒反應就要視乎你怎樣看待這件事情。如果你覺得是因為自己工作表現差勁，那你會感到自責、內疚；如果你認為自己只是辦公室政治下的犧牲品，那你會感到憤怒或無奈，但不會感到內疚。可見你經歷那種情緒完全是與你對事情的想法有關。所以，若能改變不合理或無益的想法，就能減少負面情緒。(請參第四章：〈信能改變〉)

(3) 改變行動可改變情緒

有時改變情緒的最佳方法可能是先有行動，如改變舊有的習慣，或建立新的生活模式，情緒自然會改善過來。一般情況下，情緒是行動的推動力，但抑鬱是令人失去動力的情緒，叫人毫無生氣。所以，要扭轉抑鬱，最好先有行動，做些你認為有價值的事情、或平時喜歡的活動。親友亦應鼓勵你投入日常生活，特別是參與社交活動，這對你的心情極有幫助。（請參第五章：〈坐言起行〉）

2.5 將你的決心告訴身邊的人

對抗抑鬱是一條漫長而孤單的路，需要你的堅持和決心，而其中一個祕訣是將自己的決心和「抗爭」告訴身邊的人，請求他們持續為你打氣和支持你。最好養成一種要向他們交代的習慣，定期將自己的情況告訴他們，讓他們鼓勵和提醒你，亦可讓自己的情緒有抒發之處。

2.6 建立正面的生活和人生信念

若想徹底打敗抑鬱，最好就是為自己建立積極的人生信念和生活，例如學習如何以樂觀取代悲觀，專注在可行和可掌握的事情上，多培育知足及感恩的心，為自己的生活創造意義，多關懷有需要的人和建立親密的關係。培養優質的心理，全情投入追求你認為最有價值和意義的事情，過一個積極的人生，這是對抗抑鬱的最佳良方。（請參總結：〈抗鬱疫苗〉）

3 情緒自助工具

(1) **書籍**：介紹治療抑鬱的書籍，不論是翻譯或本地著作，數目日益增多，大部分可在書局購買或公共圖書館借閱。書中的內容主要是專業人士的專業知識、治療心得或抑鬱症患者的經驗之談。在選擇這些書籍時，應參考作者及內容簡介，了解作者在處理抑鬱症方面的經驗。

(2) **傳媒及視聽教材**：對於不愛閱讀的人而言，這可能是較輕鬆的選擇。現在有不少電台節目或電視專輯，也會邀請專業人士分享有關精神健康的問題。此外，亦有不少情緒健康講座的視聽光碟，可供選擇。

(3) **網站**：有關抑鬱症的網上資料多不勝數，只要在搜尋器按入「抑鬱症」或「Depression」的字眼，便可尋找到相關網站。有一點必須注意：由於互聯網世界的資訊五花八門，有些網站介紹的治療途徑未經研究證實，大家還是要審慎考慮，或向專業人士尋求指引和意見。

(4) **自助課程／講座**：多由專業人士主講，向參加者提供精神健康的資訊及有關資料。參加者在活動中可能會遇到康復者或同路人，可藉此機會參考他們的經驗來幫助自己。這類課程由非牟利機構或私人公司舉辦，內容包羅萬有，要確認有質素的課程並不容易，選擇時應抱審慎的態度，宜於報讀前向專業人士徵詢意見。政府部門、醫院、志願機構和商業機構均會不時開辦這些講座／課程，可留意電台或報章的宣傳。

(5) **互助小組**：目的是讓同路人分享資訊和交流經驗，互相支援，共同改善情緒問題。本地醫療和社福界亦有運用病人互助的模式協助長期病患者；可是到目前為止，專門為抑鬱症患者開設的互助小組不多，有意參加的人士，可向社工或提供精神健康復康服務的機構查詢。

提提你

自助工具可以讓你在安全而自主的環境下學習，有相當的價值，但不是任何時候也適用的。當你的抑鬱情緒影響到日常生活及工作，甚至有輕生的念頭；又或者你發現自助模式未如理想時，請立即尋求醫生或其他治療人員的協助。當進度理想、情況好轉時，自助工具便能繼續發揮其功用，協助你在日常生活中保持情緒穩定，減低抑鬱惡化或復發的機會。

4 結語

事實上，沒有一種治療抑鬱或自助的方法是絕對有效的，因為成功與否所包含的因素很多。或許你仍覺得以上的自助原則和方法非常抽象，未能完全掌握，這是可以理解的。但請你不用心急，只要耐性繼續讀下去，本書將會為你提供很多實際具體的方法和技巧去克服抑鬱。只要你願意嘗試，努力朝改善情緒的方向走，不輕言放棄，總有一天你可以成為情緒更健康、更快樂的人。

告別抑鬱，開展自助旅程

1.　我承諾

由下一章起，你會認識及學習到各種幫助自己處理情緒困擾的技巧。在開始之前，請你留意以下情況：

> **如果情緒困擾問題非常嚴重，且廣泛和持續地影響日常生活，甚至出現自殺念頭，那麼你必須向專家（如：臨牀心理學家、精神科醫生等）尋求專業協助。待情況穩定後，才進行這個計劃。**

這個自助計劃可根據個人不同的情況而作出調整。你必須先為自己釐定一個清晰、可以量化的目標：

我的目標：＿＿＿＿＿＿＿＿＿＿＿＿＿＿＿＿＿＿＿＿

我期望的改變：

情緒方面：＿＿＿＿＿＿＿＿＿＿＿＿＿＿＿＿＿＿＿＿

身體方面：＿＿＿＿＿＿＿＿＿＿＿＿＿＿＿＿＿＿＿＿

人際關係方面：＿＿＿＿＿＿＿＿＿＿＿＿＿＿＿＿＿＿

我願意在每天／每週 ______________（時間）至 ________________（時間），按照書中的方法，進行練習。

我鼓勵自己的方法包括：____

____

為免半途而廢，我堅持的策略包括：________________________________

____

我要告訴__________________________我會進行這個計劃，請對方為我打氣！

2. 為自己打氣留言版

「以美好的心情珍惜光陰。」

「為自己創造晴天！」

「世事無常，我的心情輕鬆如常！」

「佢會打好呢份工，我會做好呢分鐘！」

____

____

____

3.　我的自助計劃（往後的章節能助你完成這個計劃表）

時間	我會進行的練習
第 _____ 至 _____ 週	
第 _____ 至 _____ 週	
第 _____ 至 _____ 週	
第 _____ 至 _____ 週	
第 _____ 至 _____ 週	

參考資料

Copeland, M.(1994). *Living without Depression and Manic Depression: A Workbook for Maintaining Mood Stability.* Oakland: New Harbinger Publications.

Smith, L. L. & Elliott, C. H.(2003). *Depression for Dummies.* Hoboken: Wiley Publishing, Inc.

第二部分

抑鬱自選療法（上篇）

認識了抑鬱的各種面貌、治療方法和自助原則後，現在我們開始進入有效的抑鬱自療方法。你在本書所找到的各種方法，都是經過研究和臨牀驗證為有效改善抑鬱情緒的方法。上篇的內容包括「信能改變：思想自助法」、「坐言起行：行動自助法」和「覺知力量：靜觀自助法」。

首兩個自助法建基於「認知行為治療」的理論和技巧，此療法是有效治療抑鬱症的心理療法之一，在心理治療中被廣泛使用。若你能掌握當中的原則和技巧，應用在情緒自助上，一定可以收到改善情緒之效。

思想自助法，顧名思義是針對引發或延續抑鬱的負面思想而設計。無可否認，思想是左右情緒的關鍵，若思想不正確或出了問題，自然容易產生負面及有問題的情緒。況且，情緒是較難直接改變的，但改變想法或信念則有法可依，也較有把握。所以你必須學習掌握轉化想法之道，這就是第四章的主題。

「認知行為治療」另一個重點就是行為的改變和實踐，這是第五章所要探討的。你一定聽過「讀萬卷書，不如行萬里路」這句話，我們可以改換成：「想一百次，不如去做一次」，情緒往往是透過你的行動和勇於嘗試而得到改善的：譬如改變一下一向賴牀的壞習慣、下定決心每天早起去晨運、到寧靜舒適的地方走走、或嘗試做一些叫自己開心的活動，你的心情就會漸漸地得到改善。當然，當你抑鬱時，要實行這些計劃本身也是一個挑戰，你立即可以想起很多障礙和藉口，這一章為你探討及提供實際可行的方法去解決和自助。

第六章的主題是靜觀自助法，這是另一種被驗證為有效治療抑鬱的方法。它的基本理念是指導我們以冷靜抽離的心態去接納和面對自己的內在經驗，不必為自己的思想情緒所控制。學習接納，活在當下，用慈仁的心去對待自己和別人，細味平凡和不平凡中的種種滋味。這些經驗會叫你留意到很多你以前忽略了的事物，可擴闊你的觸覺和視野。靜觀是一種心法和修練，只要多加練習，你會漸漸發現自己的心境比以前平和，不易為外界或自己的思想情緒所牽引，能為自己帶來更大的內在自由。

現在，請準備踏上我們為你設計的旅程第一站：「信能改變：思想自助法」。

第四章　信能改變：思想自助法

事物本身如何並不重要，重要的是我們如何看待它們。

——心理學家 卡爾・容格（Carl Jung）

老子說：「千里之行，始於足下。」縱使千里的旅途，也是由腳下一步一步開始。要完成旅程，勇於開始最為重要，別人偶爾會給你一個推動，但真正的動力還是來自你自己！本書所提供的提示和練習，是經過實證為有效的方法，只要你積極嘗試，持之以恆，對改善抑鬱情緒亦有幫助。當然，若然情況嚴重的話，我們鼓勵你向專業人士徵詢進一步的意見。

想一想，你有否類似的經驗呢？

「我根本控制不到自己的想法，每次鑽了進去，便像跳入漩渦一樣……」

「為何快樂是這麼短暫和困難？我的腦袋全是不開心的景象，它們總是揮之不去！」

「我看任何事情都會自然地只看到壞的一面，卻看不到好的東西！」

以上都是患上抑鬱症的朋友對處理負面想法的心聲。

你有否試過戴上有色的太陽眼鏡、隱形眼鏡？或在看戲時，戴上立體眼鏡？透過有色鏡片或特別構造的立體鏡片，你眼見的世界頓時起了變化。所有色彩都會受鏡片的顏色影響；平淡的白色變成色彩繽紛，平面的東西也變得生動。患上抑鬱症就像戴了灰色鏡片的眼鏡一般，看不見彩色的世界，眼前只有一片灰暗，滿腦子都是負面思想。

要摘下這副灰色眼鏡並非沒有希望，只要學會搜尋和挑戰負面想法的技巧，以堅定的決心，持之以恆地練習，色彩繽紛的日子將會重現眼前。

1 請搭上「思想列車」

你的思想模式和內容，與你的情緒是息息相關的。在這一章，你將學會如何了解和分析自己的思想，認識你的思想與抑鬱的關係；你更會學到透過「轉念大法」，揪出負面錯誤的思想，加以改變和修正，你就可以改善壞情緒。不單這樣，你還會學到如何建立積極的思想和態度，這對打敗抑鬱和追求快樂的心情都極為重要。只要你願意耐心地學習以下的方法和技巧，你的思想模式和內容一定會漸漸地改變，很多曾經抑鬱過的朋友都有這種成功改造思想的經驗，你大可放心。

首先，讓我們介紹一位老朋友出場，這位老朋友與你有着多年密切的關係。

猜一猜

一位老朋友，
自幼時刻與你如影隨形，
悄悄地
影響着你對人對事的看法，
以致你種種的情緒和行為反應。
因「他」有蓋世的隱形武功，
你不輕易覺察到自己已受「他」操控，
還將「他」的命令視作真理！

「他」，究竟是誰？

謎底揭開，「他」就是我們的**核心信念（core beliefs）**。

2 核心信念的形成

每個人都有自己的核心信念，但這些信念深藏在個人的潛意識裏，你不輕易察覺到它們的存在。你的核心信念由早年成長經驗所形成。當你年紀還小，思考和分析能力仍甚稚嫩時，你對周遭所發生的事情，特別是關乎自身的存在（例如：「我是誰？」）和自我價值（例如：「我值得被愛嗎？」）等問題渴求了解，這是成長中自然的現象。

在這個年幼的階段，你身心皆依賴照顧者（多數是父母）。早在學會講話之前，你已透過不斷觀察他們的表情和行為，了解到自己是一個怎樣的孩子，例如：

你的觀察	你的理解
當父母笑瞇瞇的呵護你	你感到自己被疼愛
當父母漠視你的哭聲	你感到自己被忽略
當父母叱喝你	你感到自己不被接納

藉由父母或照顧者待你的態度和反應（包括表情、說話和行為），你會推斷自己被他人愛護、接納的程度。可是，受制於有限的思考和分析能力，你的推斷有時準確，有時卻與現實相差甚遠。假若沒有得到旁人協助分析和修正（例如：媽媽正要離開，你以為她要遺棄自己便哭起來，媽媽

上前安慰說：「我現在要上班，下班後便回來陪你。」），年幼的你便會相信自己的想法是對的，再運用這些資料去判斷自我價值和人際關係，並作出定論。隨着時日漸過，這些推斷的想法根深柢固地鑲嵌在記憶之中，成為你的核心信念：

「世界就是這樣的。」
「人就是這樣的。」
「我就是這樣的。」

當你日漸成長，並早已習慣自動用這些核心信念來思考，這種慣性促使你相信自己的信念是真理，認為「人人都係咁諗」，卻忘記了它們的本貌是你年幼時推斷的想法。而這些想法，在你長大後的景況中，可能已經變得不合時宜，甚至是無益的。舉例說：

你的想法	你的行為反應	結果
只要聽話，便能獲別人喜愛（小時候相信）	等候老師指示才行事	操行獲加分
只要聽話，便能獲別人喜愛（長大後仍相信）	等候老闆指示才行事	被批評為過分依賴、沒有主見、解決問題能力不足

正面的核心信念（例如：「我是值得受人尊重的」），像燃料一樣供給你需要的能量去面對生活中的各種挑戰；負面的核心信念（例如：「我是個無出息的人」），則像一根擔子令你身心感覺沉重，在面對生活挑戰時感到乏力，容易造成抑鬱。

2.1 核心信念與抑鬱

平時我們曉得運用心理防衛機制（defense mechanisms）去保護自己，免受負面核心信念所困擾。但在抑鬱時，負責保護我們免受負面核心信念打擊的這些心理防衛機制會減弱，令我們暴露於負面核心信念的打擊中；而自我脆弱的感覺使人更加相信這些負面的信念，令修正負面信念的工夫變得更加困難。

心理學家Judith Beck在其著作*Cognitive Therapy: Basics and Beyond*（1995）一書中，指出抑鬱症患者常有以下兩類負面核心信念：

(1) 無用無助

「我是愚笨的。」

「我是沒有才華的。」

「我是無能力的。」

「我是脆弱易受傷害的。」

「我是無效率的。」

「我不能勝任任何事情。」

「我是個天生失敗者。」

「我並不如其他人般成功。」

「我的表現不夠別人好。」

(2) 不值得被愛

「我不值得被愛。」

「我是多餘的。」

「我不配得到別人的關心。」

「我是不受歡迎的。」

「我毫不吸引。」

「沒有人會對我有興趣。」

「我註定要孤獨一生。」

「我肯定會遭人拒絕。」

「我註定要被人拋棄。」

這兩類核心信念有共通的主題，乃是自我拒絕、不接納自己、厭惡自己。這些負面無益的核心信念令我們自卑、對自己感到憤怒，加強抑鬱的情緒。

2.2 假設思想

從個人的核心信念，我們會建立起一些假設思想（conditional beliefs）。這些假設思想就如工作守則一樣，指引着我們對人對事的想法和反應。與核心信念相比，假設思想較多在意識層面運作，因而較易被我們察覺，亦因此較易讓我們檢視和修正。

例子

核心信念：「我不值得被愛。」

↓

假設思想：世界上沒有無條件的關懷，

所有人都是爾虞我詐，不值得相信的。

2.3 保衛自我的行為對策

很多人都有被人批評的經驗，我們會感到羞愧、尷尬、沮喪、甚至憤怒，自我形象也頓感低落，很想趕快逃離現場……被旁人批評已是如斯難堪，更何況批評者可能是與我們如影隨形的個人核心信念，那對自我形象的打擊更大！因此，我們不自覺地由假設思想衍生出一些以保衛自我為目的的行為對策，以減輕負面核心信念所帶來的情感痛楚。

例子

核心信念：「我不值得被愛。」

↓

假設思想：世界上沒有無條件的關懷，

所有人都是爾虞我詐，不值得相信的。

↓

行為對策：

懷疑別人的動機，處處提防着別人，減少與人接觸。

隨着時日過去，這些行為對策慢慢會成為個人**持續的行為模式**。例如，因處處提防別人（行為對策）而避免與人交往（持續的行為模式）。加強對行為對策的省察，有助我們重新評估這些行為模式是否切合自己目前的需要。

舉例說，良好的人際網絡有助減低抑鬱的嚴重程度，但如果我們長期避免與人交往（持續的行為模式），那麼因社交而獲得的情緒支持便會大減。如果不切合現實需要的行為對策持續，會令抑鬱的情緒缺乏支援和疏導，最終令我們加倍抑鬱。

2.4 自動化想法

建基於個人核心信念、假設思想和行為對策，**自動化想法（automatic**

thoughts）是當你面對日常生活中各種情境時腦海中自動跑出來的想法。 例如，個人核心信念是「我不值得被愛」，當有異性對自己表示好感時，腦海中自動化想法可能是「小心！他想戲弄我。」又或者「唉！他根本不清楚自己到底喜歡怎樣的女孩！」當腦袋被這些似乎是理所當然的自動化想法充塞時，我們忽略要為這些未辨真偽的想法求證。久而久之，我們會憑直覺（即自動化想法）作出反應，而非根據事實和證據。

例子

核心信念：「我不值得被愛。」

↓

假設思想：世界上沒有無條件的關懷，

所有人都是爾虞我詐，不值得相信。

↓

行為對策：

懷疑別人的動機，處處提防着別人，減少與人接觸。

↓

日常生活情景：生病請假在家休息，同事致電問候。

自動化想法：

「她一定是懷疑我裝病不上班，所以打電話來突擊檢查。」

↓

情緒：抑鬱、憤怒

行為：在電話中語帶相關地敷衍對話。

現在你明白到，原來我們的思想有三種不同的層次：最底層是核心信念，中層是假設思想，而最表層則是自動化想法。日常生活中，這些不同的思想無形地影響我們遇事的情緒和行為反應。了解這些導致或伴隨抑鬱的負面思想，加以修正，就可改善情緒。以下我們會用兩個個案的分析，讓你更清晰掌握不同的思想與情緒行為的關係，然後請你寫下自己的「思想故事」：

個案分析 1

嘉恩的故事

嘉恩生於一個有三名孩子的家庭，她與姊姊和弟弟同校。父母都是教師，對子女各方面的表現均有很高的期望和要求。他們相信有良好的表現是子女應盡的本分，所以除非獲得卓越成績，否則父母很少稱讚孩子。當子女犯錯時，嘉恩的母親則會嚴厲責罰，她不輕易接受子女的「失敗」或表現欠佳，認為接納等於鼓勵他們不思進取。嘉恩的父親雖然心裏並不讚同太太過於嚴厲的管教方法，但他着實有點怕她好爭辯的個性，所以往往默不作聲。

嘉恩的姊姊和弟弟都是校內的優異生。嘉恩雖然很用功讀書，但各科均只取得中等成績，英文科更經常不及格。父母因而對嘉恩態度冷淡，母親甚至跟親戚說：「我對她已不存任何寄望」。嘉恩聽罷十分傷心，她總結自己不受父母疼愛是因為「**我不能勝任任何事情**」！

長大後的嘉恩在會計師樓當文員。有一天，部門主任告訴她明天要做職員表現評核，請她下班後留下來。嘉恩心裏直呼：「主任一定是認為我的表現糟透！」她為此緊張不已，當晚徹夜不眠地為明天的評核作準備。

翌日，做評核的時候，主任提醒嘉恩要改善英語水平。嘉恩心想：「糟了！經理看到這樣的評語一定會趁機把我辭退。」嘉恩為此非常沮喪和擔憂，評核結束後便急不及待致電朋友哭訴求助。

嘉恩核心信念的形成與影響

童年經驗

- 父母對嘉恩有很高的期望和要求
- 在家中只有表現優秀才被接納和稱讚
- 姊弟成績出眾
- 父母對表現欠佳的嘉恩態度冷漠
- 嘉恩因表現欠佳常受責罰，缺乏家人的安慰和鼓勵

形成核心信念

嘉恩的核心信念：我不能勝任任何事情

由核心信念而產生的假設想法

負面假設：靠我自己一定不行

正面假設：如能依靠別人幫忙，我或許能夠成功

負面假設：我不能犯錯，否則會大難臨頭

正面假設：只要我不犯錯，我便安全了

⇩

由假設想法而產生的行為對策

維持核心信念的行為對策：

- 一遇到困難，便馬上依靠其他人的幫忙

反抗核心信念的對策：

- 時刻提醒自己不要出錯
- 花大量時間做準備工夫，並經常覆核自己的工作，以免出錯

逃避核心信念的對策：

- 對認為是困難或有挑戰性的工作，儘量避開

⇩

自動化想法

日常生活情景一：做職員表現評核

自動化想法：「主任一定是認為我的表現糟透！」

情緒：緊張不已

行為：徹夜不眠地為評核作準備

日常生活情景二：主任提醒嘉恩要改善英語水平

自動化想法：「經理一定會趁機把我辭退！」

情緒：抑鬱、擔憂

行為：馬上致電朋友哭訴求助

個案分析 2

淑儀的故事

淑儀的父母因終日為口奔馳，淑儀自幼被交託在獨居的嫲嫲家裏照顧。嫲嫲的身體不好，時常腰酸背痛，照顧淑儀方面一切從簡，但求供應飲食和確保人身安全，便認為已盡照顧責任。淑儀渴望玩伴卻經常要獨自渡過寂寞時光，她總結是因為**我是多餘的**，所以父母和嫲嫲都對她不感興趣。

成長後的淑儀在會計師樓當文員。她跟同事能和諧共處，當中有兩位異性同事曾向她表示愛意，但淑儀很懷疑他們的動機，因為她深信自己平凡的容貌不可能吸引異性。最後，追求者都相繼打了退堂鼓。看見追求者捨己而去，淑儀非常傷心失望，她心想：「世間無真愛，所有男人都是寡情薄倖的」，她拒絕其他人的邀約，不用上班的時候便窩在家中以淚洗面，情緒非常低落。

淑儀核心信念的形成與影響

童年經驗

- 父母終日忙於為口奔馳，親子相處時間很少
- 父母和主要照顧者（嫲嫲）忽略淑儀的情感需要
- 生活孤單、欠缺同伴

形成核心信念

淑儀的核心信念：我是多餘的

⇩

由核心信念而產生的假設想法

負面假設：別人不會有興趣了解我

正面假設：如果我主動關心別人，也許我能成功地建立一些友誼

負面假設：我不能奢望得到別人真心對待

正面假設：只要我不期望得到別人的關心，我便不會受到感情傷害

由假設想法而產生的行為對策

維持核心信念的行為對策：

- 不向他人傾訴心聲

反抗核心信念的對策：

- 經常討好別人
- 非常關心別人的需要，為幫助他人不辭勞苦

逃避核心信念的對策：

- 減少與人交往

⇩

自動化想法

日常生活情景一：異性同事向她表露愛意

自動化想法：「以我平凡的容貌不可能吸引異性。」

「他一定是另有目的。」

情緒：不安

行為：猜度別人的動機

日常生活情景二：追求者相繼打退堂鼓

自動化想法：「世間無真愛，所有男人都是寡情薄倖的！」

情緒：傷心失望、抑鬱

行為：窩在家中以淚洗面

個案分析 3

我的故事

我生於一個 ________ 的家庭

父母對我的期望和要求是 ________________________________

父親對我的態度是 ________________________________

母親對我的態度是 ________________________________

在與家人相處上，令我印象深刻的情境：

從而建立的信念：我是 ________________________________

這個信念對我現時生活的影響：

人際關係方面：________________________________

工作方面：________________________________

自信 / 自我形象方面：________________________________

情緒方面：________________________________

我的核心信念的形成與影響

童年經驗

⇩

形成核心信念

我的核心信念：

⇩

由核心信念而產生的假設想法

負面假設：

正面假設：

負面假設：

正面假設：

⇩

由假設想法而產生的行為對策

維持核心信念的行為對策：

反抗核心信念的對策：

逃避核心信念的對策：

自動化想法

日常生活情景一：______________________

自動化想法：

情緒：

行為：

日常生活情景二：______________________

自動化想法：

情緒：

行為：

3 負面思想陷阱

除了以上所提的信念和思想內容的問題之外，我們的思考方法也會產生問題。錯誤的思考方法會加深負面的信念和自動化想法。認知治療就列出以下常見於抑鬱症患者或情緒低落的朋友的思想陷阱（cognitive distortions），你也不妨檢視一下自己有否這些思考模式的毛病：

(1) 妄下判斷（Arbitrary Inference）

對未經證實的事深信不疑，或對顯示他們判斷有差誤的證據視而不見，聽若不聞。

例：「今日收到風聲，公司將有新一輪的裁員計劃，我想我一定已在被裁的名單上了。」（但上司剛剛跟我商量擴充我的部門，而且他一向非常滿意我的工作表現。）

(2) 選擇性注意（Selective Abstraction）

對事件缺乏全面的分析和了解，只注意事件的個別部分，尤其負面的部分。

例：「別人對我的讚賞全是奉承的話，別人對我的批評卻是千真萬確。」

「縱使我與丈夫相處苦樂參半，但我的腦袋裏只會浮現與丈夫爭執的影像。」

(3) 以偏概全 (Over-generalization)

將個別事例視為經常性事情，變成「一竹篙打一船人」。

例：「現時的上司常批評我的工作表現，所有上司都是對下屬諸多挑剔的。」

「我與男朋友今天又因小事吵架一場，我想我們永遠都不會有好結果了。」

(4) 個人化 (Personalization)

誤以為不幸或不愉快的事件，都是因自己而起，或與自己有密切關係。

例：「丈夫今天心情煩躁，我想定是我在不知不覺間惹怒了他！」

「我的同事又在飯後竊竊私語了！他們定是在數算我的不是。」

(5) 墨守成規 (Shoulds)

固執，一成不變的思想，缺乏靈活性，不能因時制宜。

例：「對每件事我都應全力以赴，做到最好，贏取所有人的讚賞。」

「一家人一定不可以爭執。」

(6) 非黑即白 (Dichotomous Thinking)

將事情只歸納為兩大極端而沒有灰色地帶。例如：對與錯、能與不能、

成功與失敗。

例：「只有大學生才有機會踏上成功的路。我不是大學生，所以我註定是個失敗的人。」

「她不願為我犧牲事業，即代表她不愛我。」

(7) 讀心術（Mind-reading）

誤以為自己有看穿別人想法的本領，對別人的想法和動機過於武斷。

例：「直覺告訴我，我的同事已不再信任我了。」

「我不需要任何證據，我知道他是看不起我。」

(8) 感性推理（Emotional Reasoning）

以自己的心情或對事情的態度作為判斷事情的準則，忽略客觀的事實。

例：「我感到下屬不尊重我，那麼，他們就是不尊重我。」

「我今天心情很壞，今日一定是個不好的日子了。」

(9) 災難化思想（Catastrophizing）

將後果嚴重化，總往最差最壞處想。

例：「我不能離婚，否則會失去一切，孤獨終老，我這一生也就完了。」

「我不可以再犯錯，否則，我的同事不再願意與我合作，我的上司會解僱我。那麼，我不能支付子女的學費，他們不能升學，前途就會被我這個無用的爸爸毀於一旦。」

(10) 執著「點解」(Why)

在沒有肯定答案的問題前，不停不甘心地問為何，自尋苦惱。

例：「為何我總是得不到想要的？為何好事總沒我的份兒？」
「為何我總碰上惡運？不幸的事情為何總在我身上發生？」

(11) 假如思想 (What If)

作不必要的假設性思考，庸人自擾。

例：「假如我明天在公司的簡報會上表現差勁的話，上司一定會開除我。」
「假如我沒有失業，根本不會待在家中，也不會患上抑鬱症。」

這些思想陷阱就像電腦中的錯誤程式一樣，最終會導致有害無益的結果，為自己製造麻煩。從心理健康角度來看，這些錯誤思想模式可導致或維持抑鬱。若你發現自己真的有以上的負面核心信念、假設思想、自動化想法、或錯誤思想模式，不用害怕，可用以下的「轉念大法」技巧來對付這些有問題的思想。很多研究都已證明這些方法非常奏效，你只須有耐性地勤加練習，自能成功。

提提你

一隻放在一個開口容器裏的跳蚤，本來可以跳得比容器還要高，若我們把容器的口蓋上，看看有什麼事發生？跳蚤會繼續向上跳，但這回牠的頭會撞到蓋子；之後，牠還會跳，相同的情況會再發生。經過一段時間後，跳蚤養成習慣，就算移開蓋子，牠所跳的高度再也不會比原來蓋子的位置高。

試想想：我們思想裏面，有沒有像容器和蓋子的習慣讓我們無法跳出限制呢？愛因斯坦説：「同等層次的思考是不能解決問題的。」今天的我們，乃是習慣造成的。若果壞習慣或固有的信念，造成你的抑鬱情緒，而你想有跟從前截然不同的人生，惟一途徑，便是換個較健康正面的思想和行為模式。

4 活出思想新天地

可有看過電影或電視劇中，偵查罪案或法庭審案的過程？審斷案件講求客觀，若抑鬱的朋友希望改變負面錯誤的思想，最好就是訓練自己成為偵緝「錯誤思想」的神探，或對抗「錯誤思想」指控的辯方律師，為被告人（即你自己）洗脱罪名，還以清白。為何要這樣做呢？因在「抑鬱型」思想的誣告之下，假使你不充當自己的「偵緝神探」或「辯護律師」，你的情緒就很容易遭破壞，造成了「冤案」。要做思想神探或辯方律師，就得先了解以下的原則：

- 你的想法只是你對事情的主觀理解和判斷而已，並不等如事實及真相本身。
- 你對事情的自動化想法，往往受你的核心信念和假設思想影響。
- 正如其他人一樣，你也有可能跌入不自覺的思想陷阱，以致影響自己的情緒。
- 你可以嘗試抽離，冷靜地選擇如何對待自己的想法，記住：你的想法是一個想法而已，「你」是獨立自主的，與你的想法並不等同。
- 你可選擇反思自己的自動化想法，檢視它的可信性、準確性和建設性。
- 你可選擇換一個想法，以不同和有建設性的角度去思考問題。

4.1 思想神探

你如何做自己的思想偵探呢？首先你須搜集證據，找尋疑點。以你偵探的冷靜頭腦將搜集到的資料記錄下來，找出令你心情低落的疑點。試記錄令你不愉快或有壓力的事件，以下重點有助了解你對事件的看法：

- 時 —— 日期和時間
- 地 —— 發生的地點
- 人 —— 涉及的人物

- 事 —— 事件經過
- 想 —— 你當時的想法及你相信該想法的程度（0-100% —— 0% 為完全不相信，100% 為完全相信）
- 情 —— 心情：你當時的情緒及其強烈程度（0-100% —— 0% 為沒有，100% 為最強烈）
- 果 —— 後果：你如何處理這件事或心情

思想神探的查案記錄

日期	9月2日
不愉快 / 壓力事件（Activating Event） 時間、人物、地點、事件經過、性質	星期六的晚上，一個人在家，感到苦悶，致電好友小玲，想約她外出，但她說沒空，不能赴約。
自動化想法——對事情的理解（Automatic Thoughts） 列出所有事件發生時在腦海中出現的想法和意念，然後圈出最強烈的想法，及列出相信的程度（0-100%）	她不想出來見我（90%） 她覺得我好煩（70%） 我不應打擾任何人（80%） 我不討人喜愛（70%）
情緒 / 心情（Feelings） 列出所有情緒，及每種情緒的強烈程度（0-100%）	失望（80%） 抑鬱（70%） 自卑（80%）
後果（Consequenes） 你如何處理這事件或心情？	腦海中不停地想着不愉快的事情； 決定以後都不會再找朋友或約人； 飲下 5 罐啤酒，試圖借酒澆愁。

4.2 做自己的辯護律師

若你想充當自己的辯護律師，逐一反駁在思想法庭上「抑鬱型」思想對你的指控，你可以運用以下的「自辯九式」，為自己洗脱罪名，識破「抑鬱型」思想的詭計：

第 1 式：找出新證據（New Evidences）

法庭上最重要的就是證據，你的想法不一定代表事實，你可以用客觀的態度去搜尋支持和反對自己想法的證據：

- 反問自己要怎樣找出證據驗明自己想法的真偽。
- 怎樣才是自己接受的證據？
- 列出證據——

例：「不論去到何處，我總感到別人看不起我。」

支持自動化想法的證據：我的朋友似乎不喜歡邀請我參加他們的活動。

不支持自動化想法的證據：我有幾個好友對我很好，時常鼓勵我，沒有看不起我的意思。

第 2 式：找出新想法（New Thinking）

每件事情都可以用不同的角度去理解，固執於單一想法的人易陷入情緒困擾。你可反問自己：

- 是不是所有人對這件事情的想法也相同？
- 若不是，有什麼其他可能的想法呢？

例：「這是一班頑劣、無藥可救的學生。」

新想法：他們也是教育制度的受害者，被剝削了發揮潛能的機會。

第 3 式：找出新原因（New Reasons）

正確地了解和分析事情發生的原因，對改善情緒頗有幫助，你須提防某些如「個人化」、「妄下判斷」等思想陷阱，你可反問自己：

- 是不是只有自己需要負責任？還有哪些人為因素和環境因素？

例：「生意失敗，全因我過分進取的生意手法，全是我的錯！」

其他人要為事情負責的地方：我的生意夥伴疏於監督，也要負部分責任。

環境因素：這行業的營運條件轉差，利潤早已大幅下滑。

第 4 式：找尋新出路（New Solutions）

正面積極的思想是改善情緒的先決條件，你要相信每個問題都一定有出路，不要過分悲觀，須不斷尋求解決問題的方法：

- 有沒有其他解決問題的方法呢？

難題：假如我明天在公司的簡報會上表現差勁的話，我的上司一定會開除我了。

方法一：＿今天花多些時間去預備資料＿＿＿＿＿＿＿＿

利：＿＿＿＿＿＿＿＿＿＿＿＿＿＿＿＿

弊：＿＿＿＿＿＿＿＿＿＿＿＿＿＿＿＿

方法二：＿＿＿＿＿＿＿＿＿＿＿＿＿＿＿＿＿＿＿＿

利：＿＿＿＿＿＿＿＿＿＿＿＿＿＿＿＿

弊：＿＿＿＿＿＿＿＿＿＿＿＿＿＿＿＿

我選擇運用方法＿＿＿＿＿＿，因為＿＿＿＿＿＿＿＿＿＿

第 5 式：找出正面的看法（Positive Thinking）

請想想，以下誰的心情較暢快、生活較滿意？誰的心情較忐忑、日子較難熬？

甲：「因為我的智障兒，我學會怎樣照顧和教育孩子，我亦因此陪他參加了不少活動，若不是他，我根本不會有這些機會。」

乙：「我要花更多時間照顧這個智障兒，不只失去了私人時間，我亦怕親友取笑而少了與外界接觸，我的損失太大了！」

甲：「我一直辛勤工作，卻要我遇上工傷，現在我就似是個無用的七十歲老人，上天何解要這般待我！」

乙：「我因工傷要暫時停工，惟有利用這個悠長假期，陪陪孩子、學些一直以來希望進修的東西，以備日後有所作為。」

兩種態度，兩種人生。你可有些較正面的想法去看待你自己、將來和人生呢？

第 6 式：找出事情的正面影響（Positive Outcomes）

人生一個很重要的信念就是：事情總有好壞兩面，黑雲背後是太陽。看來壞的事情，只要你願意和不斷努力，也可找出事情正面的意義和影響。反問一下自己：

- 這件事可令你對自己或其他人在哪方面的認識增加？哪些處理技巧增強？

例：失業可以為自己帶來轉機，也許可藉此換一個工作環境，這也是好的。

失戀給自己一個冷靜反省的機會，加深認識自己，以致將來可更成熟地處理感情的問題。

第 7 式：找出有效處理情緒和問題的方法（New Focus）

逆境和不幸往往是我們成長的機會，在與抑鬱的對抗之中，你可嘗試學習更有效地處理情緒和問題的方法：

- 不再追問自己事情為何（why）這樣產生或為何是自己（why me）。
- 反而問自己在這情況下，可以做什麼（what）來令自己的情緒較為平穩，和怎樣（how）去做。你可參考以下句子模式來協助自己，將思想集中在有效處理情緒和問題的方法上：

例：**停！**我知道自己很傷心和憤怒（**情緒**），因為我的丈夫對我不忠（**事情**）。但我可以找出事情正面的影響，學懂更愛惜我身邊的家人（**找出正面看法**）和積極地面對問題，令自己情緒平復些（**解決問題／紓緩情緒**）。

第 8 式：找出暫停加油站（New Timing）

抑鬱思維的一個特點，就是不停地重複令人困擾的事情，可試用以下的方法：

例：當意識到自己反覆受到負面思想所困擾時，你可對自己說：「停！我知道負面思想又想影響我了；我可以在稍後時間（**訂下時間**）才想這問題，我現在應專心繼續做現在的事情！」

然後專心做好現在的事情。當你專注於此時此刻的活動時，你的情緒便會漸漸平復下來。

提提你

不少專家建議每天為自己安排一個「憂慮時間」，規定自己只能在指定半小時內，思考令人煩憂的人和事，以免終日陷於負面的思緒中而無法專心工作。而有趣的是，當「憂慮時間」到了，我們倒忘記要擔心的問題，或覺得不值得過分緊張，不安的情緒也相應減少了。不信的話，試試吧！

第9式：找出「今時今日」的自己（New Self）

抑鬱的思想往往使人沉溺於過去的不幸或不快，或是憂慮未來的事情。但正如古羅馬哲學家塞尼加所言：「有些人以回憶過去折磨自己，有些人則因憂慮不幸將至而難過痛苦。這兩者都可笑至極——因為一個與現在的我們無關，而另一個則尚未有關。」

例：「我不停回想以前曾如何名列前茅，以前很多人讚賞我。」

「我常想起上司以前經常責備我那可怕的樣子。」

「假如我可以回到從前未離婚的時候就好了！」

不再讓自己只停留在往日快樂或痛苦的回憶當中，嘗試活在當下。

例：如果我失去現在的戀人，以後大概也不會遇到喜歡我的人了。

假如我在工作上出錯，上司一定會公開責備我，同事會看不起我，那怎麼辦呢？

不要叫自己「飛越未來」，或不必要地讓擔心和預測來折磨自己。

對自己重申「今時今日」的自己還擁有什麼，並且此時此刻可以做什麼來令心情平穩一些。**不再苦苦強求「何解」（Why）和「假如」（What if）。**

例：我還擁有正常的視覺和聽覺，還有能活動自如的四肢，健全的體魄。

4.3 結案陳詞

作為「思想法庭」的辯方律師，你須在結案陳詞中，利用以上九式，逐步嘗試尋找有力的證據來攻擊每一個「抑鬱」思維。以下的練習「思想法庭結案陳詞篇」可讓你與自己的「抑鬱」思維進行辯論，並找出對事情較合理和客觀的看法。在結案陳詞時，你須留意：

- 當你進行辯論時，你必須先接納自己有正面和負面的情緒。而且，情緒本身沒有對錯之分，只有處理這些情緒的手法和背後的想法才有對錯之分。
- 了解自己「抑鬱型」思想的習慣非一朝一夕而成。所以，你也無須強求自己在一瞬間便能徹底改變。不斷循以上的步驟練習，正面的思想必定可以成為你的新習慣。
- 最重要的是你知道自己的想法和信念帶來的影響，將沒有益處的想法改變為有幫助的想法，學會以健康正面的態度來看待自己的想法。

以上所建議的方法，都有助你跳出舊有「抑鬱型」思想的囚牢。在「自辯九式」之中，你可先選用自己認為最合理或最易做的招式；到初見成效之後，才再嘗試別的。每個人都可能對這九式有不同的感覺，你不妨按自己的需要和喜好去做，成功的機會也自然會增加。成功與否的關鍵，在乎你是否願意嘗試從新的角度去看事情，採納新的思想和新的視野，用新的方法解決問題。如果你只會抱殘守舊，沿用固有「抑鬱型」的思想，那最好的方法對你又怎能起作用？

思想法庭——結案陳詞篇

日期	
不愉快 / 壓力事件（Activating Event） 時間、人物、地點、事件經過、性質	
自動化想法——對事情的理解 （Automatic Thoughts） 列出所有事件發生時在腦海中出現的想法和意念，然後圈出最強烈的想法，及列出相信的程度（0-100%）	
情緒 / 心情（Feelings） 列出所有情緒及每種情緒的強烈程度（0-100%）	
較正面、合理的思想 （Positive/Rational Thoughts） 列出新的較正面合理的思想及列出相信的程度（0-100%）	
心情重估（Re-evaluate Feelings） 重新評估每種情緒的強烈程度（0-100%）	

5 你可以改變悲觀！

信念本身是一種思想習慣，悲觀的信念好比身上的皮膚般貼身地跟着你，使你對事情總是抱消極的看法，而且以為這就是事實。只因習以為常的緣故，你並不覺得它們有什麼問題，甚至是不感覺到它們的存在和影響。當你每次對一些事情作出負面消極的理解時，你都會加深自己的信念，做出消極的行動。例如你因一些誤會而以為全世界的人都不了解你，於是你拒絕與人真誠的溝通，結果你的消極行為帶來人際關係的隔膜，加深你對人的不信任，造成惡性循環。

話你知

成功和快樂的要訣

做個快樂又成功的人要具備什麼元素呢？

哈佛大學曾做過一個研究：人生中 85% 的成功是歸功於態度，15% 則在乎能力，這反映了態度比才智、教育、才能和機遇更重要。

「正向心理學」的始創人沙利文（Martin Seligman）對快樂進行一連串研究，提出一條快樂方程式：

S（Set Range 與生俱來的快樂幅度）
C（Circumstances 現實環境和個人的際遇）
\+ V（Voluntary Control 個人所能控制的範圍）

= H（Enduring Happiness 持久的快樂）

一般人以為 C 最影響我們，以為順境便是快樂的保證，但原來根據心理學的研究，這方面只佔 8-15%，V 則佔 40% 之多。

我們或許改變不了天生的脾性和際遇，但卻能透過信念、思想、技巧去處理和適應不同的轉變，選擇令自己開心或不開心的態度，並去做開心或不開心的事情（V）。

5.1 樂觀是可以學習的

建立樂觀積極的信念是對抗抑鬱的關鍵。抱樂觀積極信念的人對自己的過去、現在和將來都是趨向正面的。你需要放棄固有的角度看人生，從新的方向出發：

- 以寬宏的態度對待自己的過去，不要為自己的過失過分自責和內疚，不要否定自己。
- 對於現在，多欣賞留意生活中美好的一面，多發掘值得欣慰的地方。
- 面對將來，要有合理的冀盼，感到將來是抱有希望的。
- 合理地樂觀的人並非不知道生命中的苦痛和艱難，但他們會接受這些無可避免的事實，承認人生的限制；同時會努力去達成自己的目標和理想，為自己尋找美好的生活。

- 多運用正面的敍述。事情是好是壞往往在乎你用什麼心態來陳述，儘量以樂觀積極的敍述來看自己，例如「我把工作做得很好」或「我可以應付的」等，並重複練習。
- 從小處看自己的成功，漸漸建立掌控感。花心思製作小玩意，準備一份特別的早餐給家人，處理某樁繁瑣的任務，你的成功等如終止「我一無是處」的負面語，鼓勵自己採取更多通往成功的途徑。

話你知

當然，樂觀也不應過了頭，過度樂觀的確可能帶來更多痛苦的代價，例如因為過分樂觀而忽略身體的病徵，以致未能及早求診，錯過了治療的機會，危害健康，這就是過度樂觀的危險。所以，我們提議你培養的是合理的樂觀（realistic optimism），和面對逆境困難時仍能堅持下去的精神，這才能為你帶來最大的益處。

1. 鎖定目標

為增進你對自己抑鬱思維模式的認識，請回答以下問題：

(1) 我對**自己**有什麼消極負面的想法：

1. ____________________

2. ____________________

3. ____________________

(2) 我對**將來**有什麼消極負面的想法：

1. ____________________

2. ____________________

3. ____________________

(3) 我對這**世界**有什麼消極負面的想法：

1. ____________________

2. ____________________

3. ____________________

2. 提防陷阱！

我常有下列那些抑鬱的思想陷阱：(在適當的方格內加上✓號，在後面寫上真實的例子。)

類別	事例
☐ 妄下判斷	____________________
☐ 選擇性注意	____________________

☐ 以偏概全 ________________

☐ 個人化 ________________

☐ 墨守成規 ________________

☐ 非黑即白 ________________

☐ 讀心術 ________________

☐ 感性推理 ________________

☐ 災難化思想 ________________

☐ 執著點解 ________________

☐ 假如思想 ________________

參考資料

Beck, J. S.(1995). *Cognitive Therapy: Basics and Beyond.* N.Y.: The Guildford Press.

Copeland, M.(1994). *Living without Depression and Manic Depression: A Workbook for Manintaining Mood Stability.* Oakland: New Harbinger Publications.

McMullin, R. E.(2000). *The New Handbook of Cognitive Therapy Techniques.* N.Y.: W. W. Norton & Company.

Needleman, L. D.(1999). *Cognitive Case Conceptualization: A Guidebook for Practitioners.* New Jersey: Lawrence Erlbaum Associates.

McQuaid, J. R.(2004). *Peaceful Mind: Using Mindfulness and Cognitive-behavioral Psychology to Overcome Depression.* Oakland: New Harbinger Publications.

黃富強主編（2005）：《走出抑鬱的深谷——「認知治療」自學／輔助手冊》。香港：天健出版社。

第五章　坐言起行：行動自助法

請留心你的行動

——因為行動能變成習慣；

請留心你的習慣

——因為習慣能成為性格；

請留心你的性格

——因為性格能決定你的命運。

——哲學家　赫拉克特列（Heraclitus）

1 抑鬱使人乏力

抑鬱症雖然是情緒病，但它對生活所造成的影響並不限於情緒方面。在情緒低落的時候，你可曾有以下的體驗呢？

- 喜愛品嚐美食的你，面對一桌佳餚美食，卻毫無食慾；
- 喜愛視聽享受的你，獲贈一直心儀的音樂會入場票，卻無興趣前往欣賞；
- 喜歡與三五知己共聚的你，好友從外地回港，建議一聚，你卻因提不起勁去打扮自己，結果借故推辭。

而在抑鬱症的診斷準則中，就有三項涉及抑鬱症患者的行為特徵：

- 差不多每天都感到疲倦或失去活力；
- 差不多每天都感到難以集中精神或決斷力減弱；
- 差不多每天都有過分的激動或遲滯。

抑鬱不斷燃燒你的能量，迫使思緒盤桓在負面的事情上，身體變得疲乏。平時喜歡的事情變得毫不吸引，不單是嗜好和娛樂，就算工作、學習和親友聚會等重要事項也沒法專注。對嚴重抑鬱的朋友來說，就是基本的生活習慣也無力完成：沒有起牀時限、三餐時間混亂、沒法整理儀容、意志低沉，結果生活弄致一團糟。

2 抑鬱與行動的關係

從生理的角度分析，當面對壓力時，體內的腎上腺便會釋放出壓力賀爾蒙皮質醇，經由 LHPA（Limbic HPA）Axis 的調節，再連結到大腦中海馬體的接收體。研究顯示，相對於非患者，抑鬱症患者的腦內有兩個接收體：MR（Mineralocorticoid Receptors）和 GR（Glucocorticoid Receptors）皆處於較低水平，干擾患者的判斷力，減弱其對壓力作出合適行為反應的能力。

另一方面，行為學派的學者則認為，抑鬱的形成是因人在面對困難時未能學習和建立有效的行為模式；及後類似事情發生，因個人未有足夠的能力去應付，結果屢遭失敗，自信心嚴重受創，漸漸產生無助和絕望的抑鬱感覺，而無助和無能的信念亦使患者放棄以行動去改變狀況。因欠缺積極行動，患者的狀況沒法改善，個人的無力感因而增強，形成惡性循環。**在臨牀工作中，我們發覺不少受抑鬱症困擾的朋友不再主動投入活動，無形中減少正面的生活經驗，使自己墮入抑鬱情緒的循環裏，**他們的情況就如下圖一樣：

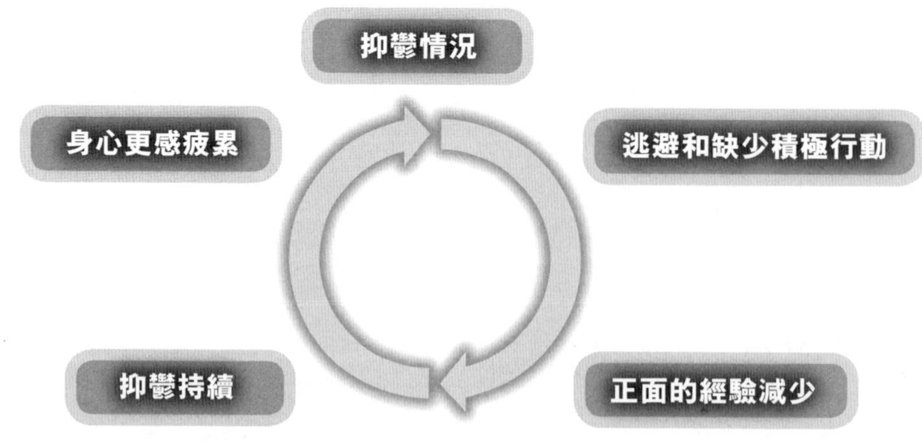

在抑鬱症治療中，行為療法（behavioral therapy）是一個非常有效的療法，重點就是幫助患者打破抑鬱與負面行動的惡性循環，利用「行為發動」（behavioral activation）的方法來協助患者改變行為模式，增加正面和自我增強的行為，一段時間後，患者的情緒就會得到大大改善。

討論區

失去工作的日子

阿金在一家公司的採購部任職超過 16 年，是公司的老臣子。她一直拚命工作，期望工作至退休。距離退休還有 5 年半，公司移往內地發展，並減省香港人手，阿金成為被裁員的對象。阿金有感多年來全心為老闆效力，卻換來如此下場，自不用上班以來，她仿似失去了靈魂般，無法面對這個打擊，患上了抑鬱症。

阿金原與妹妹相依為命，各有工作和朋友，生活寫意；但阿金突然失去工作，年過半百的她很難再找新工，經濟既出現問題，亦因情緒低落而終日呆在家中。縱使妹妹多番安慰和鼓勵，阿金也不願外出活動或應約朋友，一來怕遇上舊同事，免得別人知道她患上抑鬱症；二來她覺得只有工作才令她有動力，現在做什麼也沒法起勁。

自從阿金少了外出，她臥牀的日子也逐漸增多，就連往街市買菜的力氣也沒有，有時只靠買下的麪包充飢。妹妹忍受不了她的退縮而責備她，阿金更感冤屈、孤寂和無望，連續數天將自己關在房子內。妹妹惟有求助社康護士前來家訪，護士認為阿金病情轉壞，游説她入院接受治療。

想一想：

阿金面對失業和抑鬱的打擊，她出現了什麼行為？這些行為又帶來什麼的後果？

3 行動改變你的人生

綜觀學者的見解，由於行動會帶來正面的經驗，並從當中可以學習到寶貴的生活技巧，增強處理問題的信心和能力；所以抑鬱的朋友可以學習用實際的行動和參與來改善自己的情緒，這點非常重要。

很多人在情緒出現問題時總喜歡反覆思索，嘗試分析問題所在，找出原因，卻沒有意圖去採取實際行動去解決問題，改善情況。**其實，真正能夠助你走出抑鬱困境的，並非重複不斷的沉思，而是具體的行動**。當然，並非任何行動都有助你改善情緒，你的行動必須符合自己的需要和價值取向，能體現你人生目標的追求；例如你想過有意義的人生，單單追求賺錢或享樂未必是正確的行動，你所作的必須要能夠實踐自己的價值和信念，這才可建構一個有意義的人生。

當你面對抑鬱時，具體而適當的行動可為你帶來很多好處，包括：

(1) 增加正面愉快的經驗

抑鬱的人只會整天想着不開心的事，久而久之，漸漸忘記了昔日的快樂經驗。而且，不少愉快的經驗，都是透過羣體活動與人接觸而產生的，若受抑鬱影響而收藏自己，變得孤立，心情自然更加低落。要抗衡負面的情緒，便須刻意為自己計劃及進行一些活動，可以是以往喜歡的活動，或是帶些新鮮感、未嘗一試的東西。你可借助活動本身所製造的輕鬆氣氛及愉快經驗，**為自己儲蓄一點一滴的正面感覺。當你投身活動多於漫無目的呆在家中時，正面的經驗和情緒必然遞增，被愁緒困擾的程度便會漸漸減少。**

(2) 轉移焦點

抑鬱的人將注意力時刻集中在自己身上，過度關注個人的感受，對情緒的每分波動易作誇大的反應；而且腦海經常浮現負面思想，尤其不斷重複思索已發生的壞事或未出現的苦果，將大量的注意力放在不開心的事情上，難免忽略了其他東西，例如別人的關懷、身邊的美事等。投入活動有助我們轉移焦點，一些有助轉移焦點的活動包括：

- 在家中看喜劇，並在紙上記下最令人愉快的 5 個片段；
- 播放一張你買了很久但從未聽過的 CD，記下最能令你心情輕鬆愉快的 3 句歌詞；
- 在互聯網上搜尋與你嗜好有關的事物。

另外，有些需要技巧配合的遊戲、嗜好和工作，由於富挑戰性和可訓練專注力，持續練習可有助改善情緒，例如：

- 游泳時留心動作和呼吸
- 下棋時考究自己和對手的佈局
- 打字要牢記編碼和筆劃

不少抑鬱的人認為負面的想法要來便來，很難制止，就算投入活動亦不能做到完全抽離。這可能是最初常見的現象，只要持之以恆地嘗試，情況是會好轉的；另外，活動的成效亦與你的心態、活動性質及難度有關，這幾方面將在「開展行動的步驟」有詳細介紹。

(3) 提高自我效能感和掌控感

抑鬱的人容易過早斷定自己無用或什麼都做不到，其實這是參與活動的最大障礙。從心理的角度來看，活動成功與否和你的參與有密切的關係。你要全情投入，別人只能從旁協助。以跑步為例，縱然別人拉你推你，你不願開步跑的話，也是無益！投入活動有助建立「自己可以做得到」的信念，從而提高你的自我效能感。

再者，當你掌握了技巧和知識，能夠克服做不來的事情；並繼續運用到日常生活中去，你便可體會到一份把握感，掃除凡事有心無力的感覺。一些輕鬆而較易掌握的活動包括：

- 找一本自己喜愛的書，每天閱讀 3 頁

- 到公園緩步跑 20 分鐘
- 泡一壺花茶
- 做 30 分鐘鬆弛練習
- 根據食譜，焗一個能輕易完成的蛋糕

(4) 訂立生活規律和方向

每天定時起牀上班去，下班便回家吃飯和休息，這些「定時定候」的動作對一般人而言，只是營營役役生活的一部分；但對抑鬱的人來說，有秩序的生活卻十分重要，它令你預算每天可做的事，計劃自己的明天。相反，沒有規律即等同對生活沒期望，對自己沒有要求。**避免抑鬱持續，你必須要為自己訂立時間表，好好計劃和履行每天要做的事情**。此外，為自己訂立方向和目標，並努力去實踐，可大大改善你的低落心情，因為有價值和意義的目標才能激發你的鬥志、凝聚你的力量、發揮你的潛能（請參閱第七章〈意義重尋〉）。與其在抑鬱中顧影自憐，不如立定心志，積極努力的行動，你定可獲得意外收穫。

4 選擇活動的原則

如你能按照以下原則選擇合適的活動，對改善抑鬱情緒定能達到事半功倍的果效：

(1) 做你喜歡的事情

由於受抑鬱困擾，行動的初期會較為吃力，先做自己喜歡的事，容易帶來正面的經驗和增強你的動機。而且，對所喜愛的活動，你會較易掌握，亦較易了解當中的步驟和細節、並預期的效果，無形中可增強自信。喜好因人而異，有些活動不需高消費，例如泡個熱水浴、到郊外走走、往圖書館閱讀或聽音樂；又或你有興趣做甜品或學英文，亦可報讀一些課程。

但要注意：做喜歡的事並不表示可以任意妄為，一些不健康的習慣，如吸煙、沉迷上網、嗜食等，不單幫不上改善情緒的忙，反而可能使人上癮，得不償失。

(2) 為自己製造新鮮感

抑鬱往往令人走不出固有的框框，故步自封，只看到生活的灰暗面。新鮮的經驗能突破生活的常規，助你尋找新的體驗，感受抑鬱以外的世界。有一個真實的事例：一位患抑鬱症的女士，因長期照顧家庭而很少參加社區活動，她偶然發現了一個可以優惠購票的管弦樂演奏會，便抱着好奇的心態去聽聽。她聽後就愛上了這些滋潤心靈的悅耳樂曲，日後便儘量抽時間去欣賞演奏會，給自己一些減壓的空間。她慶幸當日願意一試，為自己帶來無限的驚喜。

(3) 定時適量運動

運動的好處不用多提，美國衞生部一份健康身體活動報告指出，有效強身健體的定期運動是指一星期進行數次（例如 3 至 5 天），持續 30 分鐘或以上的適量運動。而適當的運動則是指會令心跳及呼吸加速、有排汗但仍然能暢順地說話的運動（U.S. Department of Health and Human Services, 1996）。

對抑鬱的人來說，運動有助康復，不少研究已證明，持續做運動的抑鬱症人士，比沒有做的在短時間內感到壓力少了、精神狀態好了。運動對改善情緒還有以下的幫助：

- 有助腦部釋放安多芬（Endorphins），令人產生暢快的感覺
- 減少血液中腎上腺激素，能鬆弛緊張焦慮的情緒，減少壓力
- 促進大腦中五羥色胺（Serotonin）的分泌，與抗鬱劑的作用不謀而合
- 提高自我效能和掌控感，間接增強自信

如果你選擇的運動是帶氧運動，你還會得到額外的益處：

- 強化心肺功能
- 消除疲倦感，讓你感覺精神奕奕

（4）參與羣體活動

一首流行金曲有這樣的歌詞：「齊心就事成」，不論是行山、唱歌或打球，一羣人總比一個人容易成事和玩得開心。羣體活動無論在氣氛和交流上也較豐富，亦可以認識更多的朋友，這對抑鬱的人而言，是學習與人相處的好機會。

但要留意一點，參加羣體活動有別於比賽，打球打得好與壞不是重

點，強迫自己與人較量，只會為自己徒添壓力；重點是你能享受過程，能跳出整日臥牀、呆在家中、封閉自己的習慣。

(5) 做有價值的事

若要生活變得充實和有意義，你必須先找出什麼是你認為有價值的事情，釐清你所持守的信念，並以此為目標，切實的去實踐。開始時你很可能仍未感到情緒好轉過來，但只要願意堅持一段時間，你的生活和心情必會大大改善。你將會在第七章〈意義重尋〉中找到更多有用的資料和提示，也可以參考總結〈抗鬱疫苗〉「樂於關心及幫助別人」。

5 開展行動的步驟

當陷入抑鬱時，你將有很多「理由」不去實踐本章所介紹的行動自助法；但研究顯示，行動的確是改善抑鬱最有效的方法，你須做的是掃除阻礙行動開始的負面想法，並有計劃地開展改善情緒的行動，具體方法如下：

(1) 設計「活動記錄表」

「我沒心情去做」是抑鬱患者面對行動挑戰時最常有的想法，以情緒的高低來決定自己的活動量，例如今天心情壞透便不吃東西、不外出。若想打破抑鬱情緒的惡性循環，改變這種情況，就請告訴自己：**行動才會令心情好轉**。為了加強推動力和果效，不妨運用「活動記錄表」(activity log) 來記下活動後的心情指數，找出活動令情緒好轉的證據，你可以透過這個記錄表，或者實戰區中的成效檢討表，分析哪類活動對改善個人情緒最有幫助。

活動記錄表

（0 = 最低效用；10= 最能令你產生愉快的感覺）

活動	預計愉快指數	活動後的愉快指數
例子：到街市買一束新鮮的薑花	5	9 分 —— 花店老闆讚我揀花有眼光
例子：到游泳池游泳	3	7 分 —— 雖然更衣很麻煩，但做運動後精神舒暢多了
1.		
2.		
3.		
4.		

此外，你可多留意日常生活的事情，觀察發生在你身上的事情、你的行動與情緒的反應三者的關係，當發現某些事情牽動你的情緒時，想想你能透過什麼行動來處理這些負面心情，並記下行動後帶來的轉變。

(2) 循序漸進，分段完成

另一種負面想法是「我就算做了，也不會有幫助。」這類負面預言正反映你低估了自己的能力，怕做得不好，為免失望寧願不去嘗試。其實最理想的方法是循序漸進，按本身狀態和能力逐步開展行動。**你可以為要做的事情訂立分段目標，按自己的能力和精神狀態逐步完成，不要操之過急，亦不宜拖延太久。每當有少許成績或達成一個小目標時，便獎勵自己，以增強信心繼續完成餘下的部分。**例如：以往可以一天內完成的家務，現在只好分數天完成。一些如煮飯做菜的複雜工序，若未能獨自處理，便應找家人分擔，請他們幫忙買菜和做飯，自己只負責清洗食物和飯後收拾。另一例子是在閱讀時，過往一小時可讀完 50 頁，現在可試分 5 天來看，每天讀 10 頁，雖然進度較慢，但總比放棄閱讀或勉強一口氣完成來得好。

(3) 堅持下去，不言放棄

抑鬱的人受負面想法困擾，假使經過一段時間努力嘗試，情緒也沒顯著改善，便容易生出放棄的念頭。例如上週做了 3 天運動，今週只做了 1 天，便開始覺得運動沒有效用；或報讀了烹飪班，及後發覺自己沒法記緊步驟，便覺得自己無用，甚至想到退學。假使投入活動而不見果效，不一定是你的問題，可能涉及外在因素，也可能與你的耐性和毅力有關。無論如何，你都不應放棄，可訂定周詳而合理的計劃，鼓勵自己持之以恆和保持耐性。

首先，你需要一個清晰和符合能力的目標，可由編排一天的活動開始，漸漸構思較長遠的目標，按部就班去實踐。另外，你更要將計劃告訴自己的家人和朋友，甚至邀請對方陪伴和參與，在遇到不順意的時候，他們的鼓勵和支持有助你重建信心。

(4) 不要墮入「感覺陷阱」

當你抑鬱時，你會感到做什麼也沒意思，也提不起勁；就是按以上提議的方法去做，起初也可能不會見到明顯的轉變。但你可這樣對自己說：只是感覺而已，不要因感覺而放棄自助，做你認為是正確的事情吧！即使低落的心情一時間仍纏繞心頭，但你仍可以選擇和決定過一個有意義和目標的生活。一段時間之後，你自然能夠打破抑鬱的惡性循環和無助感，並大大改善自己的情緒。**所以，最重要的是按計劃而行，不要受制於負面感覺，行動才可以帶來更多的行動。**

所謂「萬事俱備，只欠東風」，要坐言起行，活動的工具和設施固然重要，然而正面思想才是必備的「東風」。上章提及的個人化和災難化思想，皆容易打擊自我，動搖信心，令你開展行動時卻步；所以在行動前和進行期間，你要經常檢討自己的想法，增強信心。你可參考及練習第四章〈信能改變〉的內容。

6 結語

研究和臨牀經驗告訴我們，採取積極行動是改善抑鬱情緒的最佳方法，抑鬱叫你陷入自憐、自責、絕望、無力等陷阱之中，能救自己逃出陷阱的，就是實際的行動。起初你可能會感到非常困難和沉重，但請緊記先不要理會感覺，漸漸你就會感到做起來並非這樣吃力，心情也會好轉；當你嚐到活動的好處時，你便會變得積極，享受活動的成果，收成快樂的果實了。現在就起來行動吧！

1.　你可多留意日常生活的事情，當發現某些事情牽動你的情緒時，想一想你可以用什麼行動來處理這種心情，並記下行動帶來的轉變：

成效檢討表

日期	事件	情緒	我的行動	轉變	有效指數（0-100）
7/6	被上司提醒我遲了交報告。	尷尬、緊張	立即向上司解釋現時自己要處理的繁重的工作量，與他商討另一個交報告時間。	被諒解、心情放鬆了，但仍有點擔心。	60

2.　怎樣開始做「健心」運動？

第 1 步：自我評估

根據個人能力的差異，「健心」運動可以有不同的頻密程度（frequency）、持續程度（duration）和劇烈程度（intensity）。

要設計合適的「健心」活動，請你回答以下問題：

1. 你想選擇室內或是戶外活動？ □室內活動 □戶外活動 □兩者都可以

2. 你想選擇靜態或是動態活動？ □靜態活動 □動態活動 □兩者都可以

3. 你想選擇單獨或是結伴活動？ □單獨活動 □結伴活動 □兩者都可以

4. 你為「健心」活動的金額預算是： □每星期 $________ □每月 $______

5. 你為「健心」活動的時間預算是： □每日 / 星期 ____ 次 □每次 ____ 分鐘

6. 你為「健心」活動的承諾是： □我承諾會堅持進行 ____ 日 / 週，然後檢討成效

第 2 步：擬定目標

透過「健心」活動，你希望達到的目標是：

目標一：____________________

目標二：____________________

目標三：____________________

第 3 步：安排合適的「健心」活動

回想過往一週，有哪些活動能為你帶來輕鬆舒暢的感覺？試將這些活動列出來，然後給它們評分，看看哪些活動是最有效的「健心」運動？

活動一：____________________ 評分：________（0-10 分）

活動二：____________________ 評分：________（0-10 分）

活動三：____________________ 評分：________（0-10 分）

第 4 步：「齊來 take action」

我的「健心」目標是：＿＿＿＿＿＿＿＿＿＿＿＿＿＿＿＿

我選擇的「健心」活動是：＿＿＿＿＿＿＿＿＿＿＿＿＿＿＿＿

我會每天進行＿＿＿次 / 每星期進行＿＿＿次　　每次進行＿＿＿分鐘

完成「健心」活動計劃後，我會這樣獎勵自己：＿＿＿＿＿＿＿＿＿＿＿＿＿＿＿＿

第 5 步：檢討成效

終於完成了一次「健心」活動了，這真是一個好開始。你喜歡這個活動嗎？它能否為你帶來預期中的成效？

「健心」活動	達到目標次數	0-10 評分 （0 = 最低效用； 10= 最能令你產生輕鬆舒暢的感覺）
1. 放工後到泳池游水 30 分鐘	90%	9 分（身體疲倦卻有鬆弛感覺，晚飯時胃口也好了，能完成目標的感覺真好）
2. ＿＿＿＿＿＿	＿＿＿	＿＿＿＿＿＿
3. ＿＿＿＿＿＿	＿＿＿	＿＿＿＿＿＿
4. ＿＿＿＿＿＿	＿＿＿	＿＿＿＿＿＿
5. ＿＿＿＿＿＿	＿＿＿	＿＿＿＿＿＿

參考資料

Lewinsohn, P. M., Youngren, M. A., & Grosscup, S. J.(1979). Reinforcement and depression. In R. A. Dupue(Ed.). *The Psychobiology of Depressive Disorders: Implications for the Effects of Stress*(pp. 291-316). N.Y.: Academic Press.

Martin, C., Addis, M., & Dimidjian, S.(2004). Finding the action in behavioral activation. In S. C. Hayes, V. M. Follette, & M. M. Linehan(Eds.). *Mindfulness and Acceptance: Expanding the Cognitive-behavioral Tradition*(pp. 152-167). N.Y.: The Guilford Press.

Mcquaid, J. R., & Carmona, P. E.(2004). *Peaceful Mind: Using Mindfulness & Cognitive Behavioral Psychology to Overcome Depression.* Oakland: New Harbinger Publications.

Smith, L. L., & Elliott, C. H.(2003). *Depression of Dummies.* Hoboken: Wiley Publications. Inc.

Stein, D. J. & Young, J. E.(Eds.) (1992). *Cognitive Science and Clincial Disoders.* San Diego: Academic Press.

U.S. Department of Health and Human Services(1996). *Physical Activity and Health: A Report of the Surgeon General.* U.S. Departmentof Health and Human Services. Centers for Disease Control and Prevention, National Center for Chronic Disease Prevention and Promotion, Atlanta, GA.

康樂及文化事務署（2006），《香港人運動習慣民意調查》
http://www.lcsd.gov.hk/lschemes/cscommittee/form/paper_csc_0806_20061122_annex_c.pdf

第六章　覺知力量：靜觀自助法

起初，我想進大學想得要死；

隨後，我巴不得趕快大學畢業好開始工作；

接着，我想結婚、想有小孩又想得要命；

再來，我又巴望小孩快點長大去上學，好讓我回去上班；

之後，我每天想退休想得要死；

現在，我真的要死了……；

忽然間，我明白了，我一直忘了真正去活。

——無名氏

1 留心！

你有同感嗎？現實人生中，我們很多時真的像「趕頭趕命」般，不斷向前衝，惟恐被時間趕上似的，但我們有多少時間會停下來，想一想：到底什麼是真正的活着呢？我們很容易就「忘了」最重要的事情。哲學家赫拉克特列（Heraclitus）就提醒我們：留心！（參頁 128）為何留心這樣重要呢？因不留心就很容易忘了，缺乏自覺的人很難做自己思想、情緒和行動的主人。因此，在這章你將會學到**「靜觀」（Mindfulness）**的方法，不少研究顯示，練習「靜觀」的人可大大改善自己的情緒健康，減少被負面的情緒所控制。請留意，這章的內容很多與近年備受重視的接受和承諾治療的理念是非常吻合。

2 靜觀的力量

到底什麼是「靜觀」呢？它的創始人是 Jon Kabat-Zinn，美國麻省大學醫學院的教授，他用靜觀的理論和練習去幫助情緒受困擾的人士，已有超過 30 年的經驗，成效顯著。**「靜觀」簡單來說就是留心（be aware）——完全活在當下，安靜專注並以接納的態度去留心觀察自己內心的一切經驗，包括思想、慾望、衝動、情緒、感受等，不論這些經驗令你感到愉快或不愉快。**

靜觀的理念源自東方的哲學思想和實踐，近年卻廣泛地被西方心理學和心理治療所採用。雖然它與東方的冥想修行很有淵源，但其實並不與任何宗教信仰有必然衝突。在生活中實踐「靜觀」的態度，可以與前面所介紹的自助法相輔相成，互補不足，令你更能處理自己的情緒。

3 接受比對抗更好

「靜觀」是一種怎樣的生活態度和方式呢？首先，它是一種接受、不判斷的心理狀態。負面情緒如抑鬱等為何如此折磨人呢？就是因為你對這些情緒自然地產生了抗拒的心態，你的內心深處早認定任何的痛苦和不愉快情緒都是不好的，都是應該儘量避免的，人生只應盡是快樂平安，那才是最好。於是，當遇到抑鬱情緒時，你就非常抗拒，亦很易被這些情緒牽動，變成惡性循環，這會使負面情緒不斷增強。

為免落入這個惡性循環，最好的方法就是接受。正如接受和承諾治療所提倡的，**你要學習接受人生的真相：你在一生之中難免會有高有低、有順有逆、有得時不得時，痛苦和不幸是無法拒絕的。**事實上，人生很多時是頗痛苦的，這是個不爭的事實，既然如此，為何我們不以平和豁達的心胸去面對和接受人生的事實呢？接受代表你願意以誠實開放的態度去對待真相，而非只願看見自己所想見的，這就是「靜觀」的精神。

我們很多時不願意接受現實，諸多埋怨，是因為得不到我們以為是「應份」享有的東西。「應份」的想法其實非常危險，是不滿和抑鬱的根源。我們把心所想要的看成是「應份」的，例如我們可能覺得父母「應份」對我們無微不至，愛護有加；我們上司「應份」賞識我們的才能，常加讚賞；

我們的孩子「應份」聽話聽教、孝順父母……還有無數的例子。

抱緊「應份」想法的人，不過是渴望這個世界按他的意旨去運作，以為能掌握人生的一切，這明顯是一種謬誤的想法。**人生根本就是不可測、不肯定的，我們不是「上帝」，不可能主宰一切。能夠接納人生的無常和不肯定才是快樂人生的基石。**但這種接納不是消極的，而是積極的，因為當我們學會接納，也就是為我們現在所擁有的一切心存感恩。**快樂的焦點不是定睛於我們得不到的，而是聚焦在我們已經擁有的，並為此感到知足！**

4 抽離不批判的態度

人的煩惱往往源自要不斷追求自己的慾望和快樂，和極力想去逃避任何痛苦和不快的情況。很多時我們的情緒就是因此被牽動，自添煩惱。「靜觀」的態度就是學習用一種不判斷好壞、抽離的眼光去看待自己的經驗。能做到這點並不容易，你必須願意將自己的喜惡慾念放在一旁，以冷靜平和的心去迎接所有的經驗，不論好壞。抽離（decentering）就是將自己的經驗看為只是一種經驗而已，我的想法（例如：「我真是無用！」）只是一個想法和判斷，不是事實本身；我的情緒或感受（例如：「我心情很低落！」）也只是一種經驗，而經驗時刻都在變化，並非永遠都是這樣的。

如何達到這種抽離不批判的境界呢？你可嘗試將「我」的經驗說成「你」的經驗，例如：

「我不能再忍受了」變成「你不能再忍受了」。

「我討厭自己」變成「你討厭自己」。

「我悲傷得要命」變成「你悲傷得要命」。

對待這些經驗，可以為自己製造一個心理空間，將自己與自我的經驗分隔出來，抽離一點，就可以看得更全面，更清楚。

假使你不懂抽離的話，你會很容易將自己等同自己的感受，將自己與自己的抑鬱認同起來，以為自己是個生來抑鬱的人；其實你只是經歷了一些抑鬱的狀況，沒有什麼值得害怕的啊！抽離的狀況能給你提供一個安全穩妥的空間，去看待自己的經驗。

5 活在當下

你認為人生是苦是甜？是喜是愁？其實人生真像個打翻了的五味架，甜酸苦辣的滋味都有。**而其中痛苦的根源，往往來自我們無盡的渴求。**你可能立即覺得這句話太誇張了吧！但請細心想想，我們年青時有多少夢想和渴望是能夠達成的？曾幾何時，我們渴望有一個美好的家庭，家人相親相愛，互相關懷；我們渴望讀書名列前茅；渴望畢業後找到一份理想的工作；可以找到一個理想的伴侶；把子女養育成才⋯⋯但這些夢想有多少可以成真呢？於是漸漸地我們的內心就積聚很多的抱怨，很多的不忿，或再變成麻木地過日子。又即或你比較幸運，真的實現了理想，但是否這樣就真的感到滿足呢？還記得讀書時你很渴望暑假快些來到，但到暑假來臨時，你又可能覺得不外如是，甚至有沉悶的感覺，希望早些開學。

又或者，你很努力讀書，渴望考上大學，但當你真的升讀大學後，你又覺得大學生活並沒有想像般美好。工作如是、結婚如是，問題是當我們得到心裏所渴求的時候，我們仍然不滿足，仍會希冀更高、更強、更美的目標。當你有健康時，你又希望有幸福的家庭；當你有幸福的家庭時，你又希望有更多的財富……這是一個無窮無盡的追逐遊戲，你永遠不會成為贏家，因為總有下一個更高更美的目標在向你招手。追逐的過程中，我們就容易忘記了真正地去活，這也許就是人生諷刺的地方。

人的腦袋是一件極之神奇的東西，它能發明最尖端的科技，將太空人送上太空，又可用電腦、互聯網克服地域的距離，但同時人的腦袋也會製造無數的煩惱和痛苦，例如：一條狗不會擔心明天將要發生的事，或牢牢的記着兒時慘痛的經歷，但人卻會！**我們將心思意念集中於對過去的遺憾，或對將來的憂慮與追逐上，而忽略了活在當下，因而產生各種負面情緒**。「活在當下」這種生活態度能幫助你生活得更充實、更真實和更有意義。

什麼叫做活在當下？簡單來說，**就是全心全意專注於現在，接納和經驗此刻所有的，不加以判斷，不加以拒絕，不活在「過去」，不活在「將來」**。判斷往往是苦惱的根源，滿腦子好與壞、成與敗的思想，只會叫人活得不快樂。

要明白什麼叫做「活在當下」，最好的方法就是要先明白什麼叫做「非活在當下」，以下是一些例子：

- 我討厭這種天氣，我希望它會熱些／冷些／乾爽些等。
- 但願我年輕些／年長些／肥些／瘦些等。
- 「勿忘我」也不錯，但我更想要玫瑰。
- 日落真美！可惜這裏的蚊子太多了！
- 抱怨或拒絕一些無法改變的事情。
- 誇大不舒適的地方，使自己更感到不安。
- 固執地堅持現實要符合你的慾望和喜好。
- 對周圍的事物抱着批判的態度，諸多挑剔。
- 將事物作諸多比較，抱怨自己得到的不是最好的。

總的來説，這種心態就是説：我希望自己是在另一個地方，做着另一些事情，拒絕接受此時此刻真實的經驗，我們可以叫這種心態為「非分之想」。這種抱怨現在的心態，往往叫人活在「過去」或「將來」之中，而非此時此刻的「現在」。曾幾何時，我們會不斷地對過去發生的事情感到遺憾，我們的思想程式是：「但願這件事情（沒有）發生，那就好了！」很多人都是陷於對過去的遺憾之中，這些人其實是生活在「過去」，沒有真實地活在當下；另一種人是對將來有很大的憂慮，惶惶不可終日，這些人是活在「將來」，也不是真實地活着。其實，「過去」已成過去，「將來」仍未出現，所以嚴格來説，**我們只可活於「現在」，這才是最真實的經驗；追憶過去或憂慮將來的，都不是真實的人生，這些人只是活在自己的思想之**

中罷了！

5.1 活在當下的祕訣

我們的心思很容易就會帶領我們離開當下，全心全意活在當下的心態，是需要練習而成的。如何培養這種心態呢？以下有兩點提示：

(1) 專注

- 活在當下的意思就是專心一意於現在正在做的事情上。吃飯時吃飯，行路時行路，沐浴時沐浴，工作時工作，甚至憂慮時憂慮。全心全意去做每一件事情。
- 不要對此刻所經驗的作任何衝動的反應，例如逃避。
- 留意此刻的體驗，讓自己的思想和感覺自然來去。

(2) 接納不批判

- 觀察、體驗但不批判「現在」，接納此刻的全部，不加上「好」、「壞」、「對」、「錯」、「應該」、「不應該」等標籤。因這些判斷都會令你不能全然地體驗此刻。
- 將自己的意見和想法與現實截然劃分，只專注於客觀事實。
- 全然接受此刻的一切，無論是晴天或雨天、月圓或月缺。

當你這樣做時，會發現這個世界變得簡單很多，你每次都只是做着一件事情、不用分心去想其他事，這種做法不是輕鬆很多嗎？漸漸地，你的心思就會變得單純，心無雜念（但如果你自覺心生雜念，不要緊也不用自責，只須堅定地、專注於手上的事情）。

活在當下的心態，可以幫助抑鬱者放下不必要的價值判斷。抑鬱的人大多是對事情，特別是自己，作出極負面的價值判斷。而活在當下的心態就是單純地接受現實，不作好壞的判斷，只專注於此刻的體驗，這對治療抑鬱情緒極有幫助。

6 培育仁慈和憐憫心

在「靜觀」之中，你不單要對自己的經驗開放，而且更要培養仁慈和憐憫的心懷意念。

仁慈（kindness）是指你以善意看待自己、別人和萬物。這是愛的能力，用愛的眼光去觀看這個世界。憐憫（compassion）與仁慈是不可分割的，憐憫是願意開放自己，去感受和體會別人的苦痛和不幸。不單是對別人如此，你對自己也應是這樣。**很多時我們會對別人抱憐憫的心，但對自己則極為苛刻，這是雙重標準；**然而，不能接納自己的人也很難真心的憐愛別人，這是個不變的道理。

抑鬱的你可能經常會對自己說些苛刻自責的話，這是對自己的情況落井下石，並沒有任何益處。你當培養一顆寬容憐愛的心，在平靜中接納自己，這才是最好的態度。

練習培養仁慈的心：

你可先用深呼吸來放鬆自己，然後在心中不停地重複以下的自我對話：

「我喜愛自己。」
「我以慈悲對待自己。」
「我心裏充滿平安與祥和。」

請儘量以善意和愛心看待自己，視自己為最好的朋友。

7 靜觀生活

7.1 靜觀的呼吸

要練習靜觀的心，練習呼吸是一個最基本、亦是最重要的方法。你可按以下的步驟練習：

1. 先找一個寧靜舒適的地方。

2. 找一個舒適的坐姿，但一定要坐直身子，雙腳平放於地上，或盤膝坐在地上。

3. 將注意力集中於自己的呼吸上，自然地呼吸，不用刻意用力深呼吸。

4. 留心自己的一呼一吸，感受空氣如何進出你的鼻孔。

5. 留心每次呼吸的輕重、快慢、緩急的節奏。

6. 留心自己呼吸時身體的感覺，胸部、腹部、以至全身的變化。

7. 當你發現注意力被自己一些思緒分散了時，不用氣餒，這並不代表失敗，乃是正常的現象。你只須觀察一下自己的意念思想，不作批判，然後提醒自己再度專注於呼吸就可以了。

7.2 靜觀成為一種生活態度

我們建議起初練習靜觀的心時，不要訂下太難的目標，因這會叫你容易氣餒。你可以叫自己每日用 5 分鐘來練習靜觀，不論是靜觀的呼吸、靜觀的步行、或其他專注的練習。在日常生活中，遇到不愉快有壓力的事情時，儘量採用接受、不批判的態度去面對，這是個可以叫自己心境平靜的竅門。

以上所談論的都是「靜觀」的意義和實踐方法。研究顯示，**經常練習靜觀的人，除了可以減少壓力和焦慮，也可以經歷到更多的平靜和鬆弛。**其實，靜觀的好處不單是這樣，更可以叫你用平靜豁達的眼光去看待事物，能夠將自己與自己的感覺和思緒分開，有更大的空間去反思和選擇。所以，**靜觀不單是對付抑鬱的好方法，它更是處理自己情緒的基本態度，能叫我們不易衝動和被自己的情緒所纏擾。**

1.　過去的你可曾抱有哪些固執的「應份」想法，令自己不斷埋怨和痛苦呢？

「應份」想法：________________________________

____

____

____

2.　思想題

（1）在你的人生中，有哪些事情或經歷是你一直不願接受的呢？這些事情會否就是你經常心情惡劣的原因呢？

____

____

（2）你可用什麼方法叫自己接受那些不願意接受的事情呢？

____

____

3. 活在當下的練習

抑鬱的人大多是沉溺於過去的遺憾和失去的痛苦之中，活在當下可以減輕抑鬱情緒。**記住，喜樂的感覺是現在式的，不是過去式的。**將焦點放回此刻，有助消除抑鬱，這不是壓抑痛苦的回憶，而是將目標轉移。你可嘗試以下的活動：

(1) 走進大自然，享受大自然的奇妙。

(2) 好好的吃一頓飯，享受食物帶來的樂趣。

(3) 與朋友進行一場交心的談話。

(4) 用專注的態度做家務，享受當中的過程。

(5) 與小孩子一起玩耍，完全投入小孩的活動中。

(6) 靜坐默想，不為什麼目的。

參考資料

Miller, T. (1998). *Wanting What You Have: A Self-discovery Workbook.* Oakland: New Harbinger Publications.

McQuaid, J. R. (2004). *Peaceful Mind: Using Mindfulness and Cognitive Behavioral Psychology to Overcome Depression.* Oakland: New Harbinger Publications.

第三部分

抑鬱自選療法（下篇）

你已經歷過第四至六章抑鬱自選療法（上篇）的旅程，認識了三種有效而實用的抑鬱自療方法。在將要介紹的下篇中，你會找到另外三種非常重要、有助長遠改善情緒的方法。上篇的三種方法，針對自己具體即時的思想、情緒和行動；下篇的三種方法則涉及較長久而深入的層面，包括生活的目標、人際的關係和自我的觀念。不少研究指出，有生活目標的人較為積極和愉快，這也是我們的親身體驗和信念。目標可以成為我們的焦點，凝聚我們的力量，為自己帶來動力；追求和達成個人目標可為我們帶來持久的快樂，也是改善抑鬱的良方。當然，如何訂立目標和達標的方法，都是一種學問，你可在第七章〈意義重尋：目標自助法〉中找到答案。

除了個人目標外，你的人際關係也是一個不容忽視的主題。研究證實，建立良好的人際關係，特別是一些支持性的親密關係，是改善情緒的不二法門。原因很簡單：每個人內心都渴求被認同和被愛，彼此產生歸屬感，才符合人的基本心理需要。很多抑鬱的朋友，人際關係弄得不好，常感空虛和寂寞，或對人抱有怨恨，不能釋懷，這都成為抑鬱的溫牀和持續因素。如何建立關係，的確是一門學不完的藝術，第八章〈愛裏重生：人際關係自助法〉將為你提供很多實用和寶貴的建議。

第九章〈接納放下：抑鬱與自我〉會與你探討一個重要的課題——自我。自我意識是人類作為萬物之靈的一個標記，它顯示了人的智慧，但也是人煩惱的根源；關鍵在於你對自己有何認識，這認識會使你感到自豪或自卑。很多抑鬱的朋友都對自己抱不必要的負面看法，往往令自己陷於內疚和自卑的陰影中，這對情緒是一個極壞的影響。本書的第九章會幫助你學會如何正面而客觀地面對自己，發掘自己的優點和潛能，提升自我效能感；亦提醒你在有需要時適當地放下自我，不把自己看得過分重要，這種平衡的心理會助你活得更灑脱！

第七章　意義重尋：目標自助法

凡我認識活得快樂的人，都在幹着自己認為重要的事，並且表現出色。

—— 心理學家　亞伯拉罕．馬斯洛（Abraham Maslow）

1 意義為本的生活

前幾章我們介紹了思想、行為和靜觀方面的抑鬱自助方法，它們各有特色，各有所屬的功用。本章將介紹另一種非常有效的自助方法——目標自助法。

喪失生活的意義和目標，往往是造成抑鬱的主要原因。人類擁有靈性的需要，追求有意義和價值的事情，乃是我們快樂滿足的最佳途徑；將這些意義和價值取向化為生活的目標，並加以實踐，是對付抑鬱的良方。近年迅速冒起的「接受和承諾治療」強調兩個重心的平衡：接納自己與現況，承諾投身有意義的生活，後者就是這章的重點。快樂的人生不是單用言語或思想去經營的，乃是需要追求有目標的生活，切實地實踐個人的信念和價值觀。**結果的成敗得失並不重要，重要的是過程：你是否有意識地選擇自己生活的方向？你有否過一個以價值和目標為本的生活？**

討論區

化為烏有

施明是一間貿易公司的老闆，他自幼家貧，父親由大陸來港時身無分文，由低層工作做起。因施明是家中長子，自幼就要肩負照顧弟妹的責任。雖然天資聰穎，讀書成績一向名列前茅，但礙於經濟條件差，施明中二之後就要輟學，在社會上謀生，幫補家計。他因自幼經歷這些艱苦，所以立志要努力向上，出人頭地。在他的刻苦奮發之下，10 年間果然心願達成，成立了自己的貿易公司，而且生意愈做愈大。正當他心滿意足之際，公司竟在一次生意交易中，因對方用欺騙的手段榨取利益而遭遇巨大的損失；加上經濟環境轉差，使他的生意雪上加霜，最後也逃不過倒閉清盤的下場。施明眼見一生的心血和努力化為烏有，感到心灰意冷，一蹶不振，即使親友好言相勸，也是徒然，最終患上抑鬱症。

想一想：

1. **施明有什麼人生目標？**
2. **他的抑鬱與這些人生目標有何關係？**
3. **如果你是他的朋友，你會如何勸解他？**

2 你的需要與價值

2.1 認清自己的需要

要預防和應付抑鬱，追求有意義和目標的生活就非常重要。但要做到這點，你先要清楚認識自己真正的需要，並能夠分辨自己的需要和慾望。需要與慾望不同：慾望是個人渴求希望得到某些東西，很易受外界環境因素的影響。譬如現代社會鼓吹物質的享受，消費主義盛行，我們每天不停受到商品的推銷廣告所刺激，很易產生強烈的購買慾望，希望擁有最新最好的產品，但實質上這些東西有多少是必需品呢？缺少了所渴求的東西，是否真會妨礙個人成長和生活呢？有研究顯示，重視物質和財富追求的人，比不那麼重視的人較易感到不快樂。智慧人懂得分辨哪些慾望是健康、對自己有益的，哪些慾望只會帶來痛苦和遺憾。

然而，人的基本需要則與以上所談的慾望有所不同。需要是天生的，缺少的話會帶來不良的後果。例如我們每個人都有生理需要，食物所帶來的營養就是其一。假使一個人長期缺乏足夠和均衡的營養，身體可能會出現各種毛病。**同樣，我們每個人都有些不可或缺的心理或心靈的需要，仿如心靈的糧食一般，假若缺欠的話，會造成傷害和不健全的發展。**

綜合心理學的各種理論（Bowlby, 1951; Locke, 2002; Maslow, 1954; Satir et al., 1991），我們可以將人的基本需要歸納為以下五方面：

(1) 安全感

這是很基本和重要的需要，我們需要生存在一個安全又穩定的物質和心理環境中，缺乏安全感的人容易產生焦慮、恐慌、易怒等情緒徵狀，嚴重的甚至會演變成焦慮症或抑鬱症等情緒病。

(2) 被接納和被愛

人是羣居的動物，我們由出生開始就生活在各種人際關係當中。家庭是我們第一個接觸的羣體，心理上我們都極渴望得到父母和其他人的愛護和關懷。精神科醫生 Dr. John Bowlby 的依附理論（attachment theory）充分闡釋這點的重要：與父母有安全型依附關係的孩子，有較強的自信心、社交能力和解決問題的能力，情緒也較正面和穩定。相反，焦慮型依附或退縮型依附關係的孩子在心智、情緒和社交上的表現都較差。

(3) 掌控感

我們需要對環境有所掌控，因為掌控能為我們帶來安全的感覺，避免意料之外的事情發生，和隨之而來的心理威脅。不過，現實中沒有人可以完全預測或掌控未來，我們必須承認有些事情是無法掌握或控制的。

(4) 成就感

我們不單需要有安全感、被愛感和掌控感，我們亦需要在生活中有所成就。沒有成就感的生活會令你產生一種空虛失落的感覺。我們每個人都希望有機會發揮所長，有所成就，體驗到充實和有滿足感的生活。

(5) 生活意義

每個人都有一個更高層次的心理需要，當中涉及人生價值和意義的問題。人與動物一個明顯的分別，就是人有道德是非之心，有價值判斷的能力，亦會自省生活的意義。尋找不到或覺得生活沒有意義的人很少會感到快樂幸福。

2.2 認清生活的價值和意義

何謂有價值的事情，對每個人來說都不同，有些人最重視家庭，有些人最重視工作，接受和承諾治療運用一份問卷「價值生活問卷」(Valued-living Questionnaire, Wilson & Groom, 2002) 去讓人了解自己對10個生活範疇的重視程度（價值指標），那10個生活範疇包括：原生家庭，婚姻／伴侶或親密關係，親子關係，友情，工作，教育，餘暇，靈性生活，社會參與，身體健康。你可為每個範疇打分，由0至10分，0分代表這方面對你毫不重要，10分代表極之重要。然後，你可再為每個範疇打分，不過今次的分數是代表你認為過去一個星期在該方面的生活，有多符合自己的重視程度，0分代表完全不符合，10分代表完全符合。這個問卷可顯示出你的生活價值取向，並且實際的生活是否符合這些價值取向。假使在你認為極之重要的生活範疇上（即第一輪高分），你的實踐分數很低的話（即第二輪低分），即表示你並沒有或不能按照自己的價值取向來生活，這可能就是你抑鬱的一個主要原因了！

3 將需要和價值取向化成目標

每個人對自己的需要和價值取向的認知都不同，有些人對自己這些方面很了解，並有意識地將它們化為具體目標，透過達成目標去尋求滿足。而有些人則較被動地生活，沒有要追求的目標，快樂滿足與否完全在乎現實環境等外在因素的影響。**若果希望掌握自己的快樂和滿足，我們就要有**

意識地去滿足自己的需要，追求自己認為有價值的事情。

3.1 如何為自己尋找目標？

歸根究柢，生活有目標和意義，是快樂人生的保證。如果你希望找到生活的目標和意義，我們有以下的建議：

1. 寫下所有你認為有價值的東西或事情，愈多愈好。

2. 嘗試將所寫下的細看一遍，為它們分類，看你可分出多少類別。(例如家庭、友情、工作、健康、信仰等等。)

3. 然後，請將各類有價值的東西作優先次序的排列。

4. 在每一個價值類別中，圈出你認為最具意義或代表性的一樣東西。

5. 試為每個被圈出的項目，寫下一些較具體的相關目標。

6. 接着，為每個目標寫下達標的可行方案和計劃。

7. 按剛才列出的優先次序，在未來幾個月為所訂下的一至兩個目標而努力。

8. 適當時候檢討一下自己達標的情況，並因應結果而作出與目標和計劃相應的修訂。

9. 讚賞和獎勵自己，回味追求目標的過程，並思想在這次經驗中學到的事情。

10. 訂立新的目標和計劃，重複以上的步驟。

譬如你知道自己渴求被愛和接納（**需要**），並重視親密的關係（**價值取向**），你的具體目標可訂為如何被某些人愛護和接納，並可透過什麼途徑去建立親密的關係。若你切實地按上述建議去行，漸漸你就會有意識地過一種具目標和方向的生活，你也會更易找到生活的意義和滿足感了。

話你知

並非所有目標都是一樣的

學者 Kasser 和 Ryan（1996）將個人目標分為滿足內在需要的**內在目標**（**intrinsic goals**）、和滿足外在需要的**外在目標**（**extrinsic goals**）。

- **內在目標**：內在需要是指能直接叫人內心滿足的需要，例如愛、成就、自尊等；內在目標的追求，例如發揮才能、建立親密關係等，可為我們帶來身心靈的益處和較多的幸福感，這結果在不同的文化中都是近似的。
- **外在目標**：外在需要指對生活的外在要求，例如金錢、社會地位、美貌等。這兩位學者的研究顯示，外在目標的追求會為人帶來較多的焦慮、抑鬱、自我中心、身體毛病等問題，特別當人過分重視追求物質，在生活滿足感和人際關係上都有較多問題，他們的自尊感亦較低。

這發現的確是對那些「拜金主義者」的當頭棒喝，很多人以為物質的享受或社會地位能帶來最大的滿足和快樂；原來這只是個假象，無論你如何不斷努力地追求這些外在目標，它們都不能為你帶來持久的幸福感。

另一個重要的目標理論涉及到**目標的積極性和消極性**。有些人追求的是**正面積極的目標（positive goals）**，希望能達成某些美好的願景，而有些人則主要想着**負面消極的目標（negative goals）**，例如儘量逃避痛苦、失敗、羞愧等。學者 Emmons 的研究指出，約有 10 至 20% 的人的目標屬於負面目標，而愈多負面消極目標的人，愈易有較差的幸福感、身體健康和婚姻滿足感。可見，你的基本心態是較多追求正面積極的目標，還是較多追求負面消極的目標，對你的身心健康都有決定性的影響。

失而復得飛行夢

阿朗自小愛砌模型，尤其醉心研究模型飛機，他小時候寫作「我的志願」，便立志將來要成為一位飛機師，能駕駛飛機翱翔萬里。可是，阿朗在16歲時因父母生意出了問題，家庭陷入財政困難，阿朗明白父母沒有經濟能力供他升讀大學，成為飛機師的夢想幻滅。他認為再繼續學業也無濟於事，顧慮到家人的生活無着落，他於中學畢業後便投身社會，隨便找來侍應、售貨員等工作餬口。他每晚放工回家便對着模型發呆，感歎着自己的不幸。

有天，阿朗碰巧遇到兒時玩伴明仔，阿朗最初怕被剛上大學讀機械工程的明仔比下去，但明仔親切的問候，使阿朗道出過去幾年的辛酸。一週後，阿朗收到由明仔寄來一些機器維修課程資料，並寫着：「只要有鬥心，再精細的模型也能砌成，再難的理想也能達到。」於是，阿朗抱着不妨一試的心態選讀了一個課程。

阿朗在學習過程中，眼界大開，於是決心繼續進修，將成為飛機師的夢轉移立志擔任飛機維修員。在他的努力奮鬥下，終於獲航空公司聘用。此刻，阿朗除了感激明仔的鼓勵，亦慶幸自己願意放下失落了的志願，調整目標後，再與夢飛行。

想一想：

1. **阿朗選擇放棄夢想，為他帶來怎樣的人生觀？**
2. **他又憑着什麼來重拾失落了的目標？**

4 抑鬱：目標的失落

要活得精彩，你必須確立自己的目標：就是過一個有價值有意義的生活，並同時積極地接納生命中不能改變的苦痛。抑鬱的出現往往是源於你過於執著一些失落和失敗的經驗，歸根究柢都是因為不能接受自己達不到願望和目標，例如一直追求優異成績的學生考試失敗；以家庭幸福為一生目標的家庭主婦得到婚變或子女叛離的下場；不眠不休為事業拚搏的有為青年竟遭公司解僱；頂尖的職業運動員因傷不能再參加競賽。

4.1 不達標怎麼辦？

訂下了目標，當然希望能夠達成，但有時結果未必如你所願。人生總有不如意的時候，目標失落有時是無可避免的。關鍵是人如何面對，如何從失落中學到寶貴的功課，並重新站起來；如果因這些失敗而一蹶不振，自怨自艾，或怨天尤人，最終演變成抑鬱。

你可以怎樣做呢？首先，你可以檢視自己的目標是否訂得合理，是否值得努力追尋？**反思個人的核心價值，可讓你確定目標是否正確；認清和持守這核心價值，可令你即使失敗也不易氣餒。**例如你為失戀而感到極度痛苦，你可反思自己的核心價值，假使你所追求的是一位可以與你同心、有共同生活目標的伴侶，若對方並非真正合適的人選，感情的傷痛自是難免，但沮喪和抑鬱則非必然。

另一方面，你亦可反思：目標達不成，是否因為自己缺乏了所需的技能、資源、毅力等條件呢？若是某方面缺欠了什麼，是否可以找出填補的辦法？例如去尋求別人的支援，或自己學習新的技能呢？**其實，很多時失敗只因我們太早放棄，缺乏足夠的信心和毅力，成功從來不是僥倖的，只會給予那些堅持到底的人！那些未達成的目標，只要我們願意加倍努力嘗試，夢想成真並非不可能！**

4.2 尋找新目標

假使以上的反省工夫你全部都做了，但仍未能如願，目標仍是不能達成，那又可以怎樣做呢？是否只能認命呢？非也！要接受失敗和失望是不易學的功課，**但這是人生重要的操練，失敗失望並不可怕，失去自信和鬥志才是最可怕的。**

在這情況下，你可嘗試坦然接受已失落的理想或目標，按自己的價值取向重新釐定新目標，發掘不同的方法去滿足自己的需要。例如你希望事業有成，發揮所長，幹一番大事，可惜事與願違，那你該怎樣辦呢？你可考慮改變事業的路線，也許目前的工作並非最能讓你發揮的；你亦可嘗試用事業以外的途徑去滿足一展所長的渴求，例如在自己的嗜好或興趣方面鑽研，也可帶來極大的滿足感。

所以，重要的是懂得評估自己和現實情況，以靈活的手法去追求理想和價值，不時修訂目標和方向。即使不達標也不要氣餒，因失敗是生活其中一種定律，正如成功一樣，要以平常心去對待。**追求快樂，正確的態度比運氣更重要，過程比結果往往更有價值。**最終的成敗不是最重要，更重要的是你曾付出努力去實踐自己的信念，嘗試活出有意義的人生。

話你知

四大值得追求的目標

你想知道到底大多數人認為有價值和意義的事情是什麼嗎？綜合各方面的研究結果，學者 Emmons（2003）認為大多數人都會在以下四個範疇內尋找和認定生活的意義：

（1）工作 / 成就（Achievement / Work）

這方面包括對事業的投入和熱誠，喜歡接受工作的挑戰。無可否認，我們都需要工作來發揮所長、肯定自己，成就可為我們帶來自豪和滿足，這是生活中很重要的部分。

（2）關係 / 親密（Relationship / Intimacy）

這方面包括與人建立正面的關係、對人富同情心和樂於助人。人際關係是人的基本需要，由出生開始，我們每個人都不可能獨立生存，必須依附父母的照顧和愛護，直至長大成人。我們都需要追求親密的關係，亦需要經營健康正面的人際網絡。

（3）自我超越 / 貢獻（Self-transcendence / Generativity）

這方面是指個人對社會的貢獻、能超越一己的利益，對別人和後代都有正面的影響，這些貢獻可以包括養育孩子、教導、輔導、領導、訓練和創造新一代的產品等活動。很明顯，這些活動對社會的維持和發展都非常重要，也是發揮個人創造力的好機會。

（4）宗教 / 靈性（Religion / Spirituality）

這方面是指對超越物質的神聖本質的追求，渴求與這方面的現實接觸和建立關係（例如和上帝建立關係）。自有文明以來，人類就有靈性活動，這似乎是人性中不可忽視的重要部分，是指向人生中最高層次和終極的關懷，生命中最重要和有價值的追求。

當你尋找人生的目標和意義時，不妨嘗試從這四方面入手，選擇最適合自己的目標，致力追求，一定可以改善自己的生活和情緒質素。

5 如何夢想成真

抑鬱很容易叫人失去自信和動力，難於動員力量去追求正面積極的目標。因此，我們有一些具體建議，可助你動員自己的力量，一步一步去達成目標：

(1) 正面期望

要尋找積極的心理能量，你首先要有正面的期望，心中的願景就是力量，即使起初它是非常微小，你也可好好運用它。在任何改變中，你必先相信改變是可能的。

(2) 支持系統

在追求目標的過程中，你最好能找到至少一個願意支持你的人，不斷的鼓勵，為你打氣，在你心情低落、想放棄時，成為你的心靈力量和支柱。當然，假若你有宗教信仰的話，這個「支柱」也可以是你所信靠的上帝，禱告就是你得力的泉源。

(3) 美好回憶

回憶人生路上曾成功達成願望的經驗，作為一個鼓勵，使自己振作起來。既然以前可以做到，為何現在不可能呢？你可以再為自己創造多一次成功的經驗。

(4) 增強毅力

其實，大多數人都有機會成功，只是他們往往缺乏了堅持和毅力。學者 Dweck 的研究顯示，要達到成功，毅力比才能和天分往往更為重要，只要堅持嘗試，不輕易放棄，成功絕對是可能的。愛迪生發明電燈前做了無數次實驗，即使實驗室被大火摧毀了，也不能阻止他繼續研究。林肯當上美國總統前曾經歷無數次的失敗，最終憑着堅強的信念和毅力，成為美國其中一位最偉大的總統。我們不是要做什麼樣的偉人，做什麼偉大的事情，但若果我們能增強毅力，相信可以達到很多目標。

事實上成功與否也許不是最重要的，最重要的是你嘗試和努力的過程，若果你珍惜這種經驗，它們可以成為你寶貴的資產。你可以從中得到別人的支持、自尊的建立、人生的體驗、智慧的累積等，這些資產可能比成功達標更為重要和寶貴呢！

6 結語

只要你願意暫時放開自己的抑鬱和負面態度，以有意義和有價值的事情，作為你追求的生活目標，持之以恆；一段時間之後，你自然會發現：正面的目標和意義是快樂的泉源，是對抗抑鬱最實際有效的方法。現在就不要遲疑，向意義為本的生活邁步吧！

1. 檢視自己的生活目標、方向和期望，就不難找出自己情緒低落或抑鬱的原因。你不妨試試回答以下的問題：

(1) 當你感到情緒低落或抑鬱之前，是否有什麼目標或期望受到阻撓？

(2) 這些受阻撓的目標或期望對你來説有多重要呢？

(3) 達不到這些目標令你產生怎樣的反應？心情有何變化？為何會有這樣的反應和心情呢？

(4) 你有哪些慾望是受外界影響的？假使這些慾望得不到滿足，你會否感到痛苦和不快樂呢？

(5) 你在人的五種基本需要上，哪一樣感到不足？這與你的抑鬱是否有關？

誠實回答以上的問題，可以幫助你尋到情緒問題的根源，對自己有更深的認識。了解自己的需要，就能釐定符合自己需要的生活目標和方向，長遠來説，這才能找到真正的滿足！

2.　試從 2.1「認清自己的需要」去想想自己的一個基本心理需要或價值信念，然後問問自己，若要滿足這個需要，或實踐這價值信念，你應為自己訂下哪些目標呢？

需要／價值信念：____________________

目標 1：____________________

目標 2：____________________

目標 3：____________________

3.　量度目標的準繩

試為自己訂下今年內的一個目標，然後用以下的準則來衡量這個目標的好壞：

	是	否
(1) 清晰具體	□	□
(2) 有清楚行動計劃	□	□
(3) 與自己的需要配合	□	□
(4) 符合自己的價值觀	□	□
(5) 自己能力可以做到	□	□
(6) 為鼓勵達標訂下自我獎勵方法	□	□

4. 美好回憶錄

回想你過去一個引以自豪的成功經驗，細心回想當中的過程，最終自己如何達到理想和目標，試列表如下：

目標／理想：__________

成功達標的經過：

(1) __________

(2) __________

(3) __________

(4) __________

(5) __________

(6) __________

你發現自己擁有的能力和資源：

(1) __________

(2) __________

(3) __________

(4) __________

參考資料

Bowlby, J.(1951). *Mental Care and Mental Health.* Geneva, Switzerland: World Health Organization.

Dweck, C.S.(2006). *Mindset: The New Psychology of Success.* New York: Random House.

Emmons, R.A.(1986). Personal strivings: An approach to personality and subjective well-being. *Journal of Personality and Social Psychology,* 51, 1058-1068.

Emmons, R. A.(2003). Personal goals, life meaning, and virtue: Wellsprings of a positive life. In C.L.M. Keyes(Ed.). *Flourishing: The Positive Person and the Good Life*(pp. 105-128). Washington, DC: American Psychological Association.

Hayes, S. C., Strosahl, K. D., & Wilson, K. G.(2003). *Acceptance and Commitment Therapy: An Experiential Approach to Behavior Change.* N.Y.: The Guilford Press.

Locke, E. A.(2002). Setting goals for life and happiness. In C. R. Synder, & S. J. Lopez(Eds.). *Handbook of Positive Psychology*(pp. 299-312). N.Y.: Oxford University Press.

Maslow, A.(1954). *Motivation and Personality.* N.Y.: Harper.

Kasser, T. & Ryan, R.M.(1996). Further examining the American dream: Differential correlates of intrinsic and extrinsic goals. *Personality and Social Psychology Bulletin,* 22, 280-287.

Satir, V., Banmen, J., Gerberm J. & Gomori, M.(1991). *The Satir Model: Family Therapy and Beyond.* Palo Alto, CA: Science & behavior Books, Inc.

Seligman, M.E.P.(2002). *Authentic Happiness: Using the New Positive Psychology to Realize Your Potential for Lasting Fulfillment.* N.Y.: Free Press.

Wilson, K. G., & Groom, J.(2002). The Valued Living Questionnaire. Available from the first author at Department of Psychology, University of Mississippi, 2002.

Wilson, K. G., & Murrell, A. R.(2004). Values work in acceptance and commitment therapy. In S. C. H. Hayes, V. M. Follette, & M. M. Linehan(Eds.). *Mindfulness and Acceptance: Expanding the Cognitive-behavioral Tradition.*(pp. 120-151). N.Y.: The Guilford Press.

第八章

愛裏重生：人際關係自助法

要活得開心，你就必須學習與人建立健康的界線，即既尊重自己，肯定自己，重視自己的需要，同時亦正確地理解和處理別人的需要和期望。

人天生是社會性的動物，沒有人是「孤島」，我們都需要人際關係，這從嬰孩出生後，極需要父母的愛護照顧中可見。你的情緒發展和心情的轉變，亦不能與人際關係分割。事實上，我們快樂或不快樂，往往都繫於關係。試想想過去愉快或不愉快的事情，有多少是與人有關的呢？相信佔大部分吧！**世上很少事情可比擬親密關係中的那份窩心、那種滿足；而世上亦很少有事情比關係破裂或失去時更傷痛**。因此，要躍出抑鬱的深淵，重拾開心的心情，你就必須注意和改善你的人際關係，這也是本章的主題。

1 關係如何造成抑鬱

很多有憂鬱性格或患上抑鬱症的人，都有一個不愉快的童年。你的性格很大部分是由家庭塑造出來的，這是無可置疑。家庭治療大師沙維雅（Virginia Satir）的名著《家庭如何塑造人》（*Peoplemaking*），就提到若果一個家庭缺乏愛，關係就會被破壞。當內心深處的渴求得不到滿足時，我們就會變得失望、苦澀，從而築起自我保護的圍欄，將真我收藏。久而久之，我們與人就會缺乏真誠的溝通。

期望的落空和關係的失去，的確是造成抑鬱的主要元兇。在我們的心理治療經驗中，大多數患抑鬱症的朋友，都有這方面的問題，有時是童年時父母的疏忽或感到被拒絕，或父母本身有情緒困擾以致不能在感情上滿足子女；有時則是婚姻失敗，夫婦感情破裂；或子女令父母痛心失望，或與戀人分手，或親友離世等等。這些關係上的問題都可帶來抑鬱的反應。所以，若要經常保持心境愉快，良好正面的人際關係，特別是親密的關係，就顯得非常重要了。

討論區

愛往哪裏尋？

阿玲成長於單親家庭，自幼缺乏父愛，她期望長大後找到一個給她安全感的男人，終身保護自己。她在 20 歲那年，認識了男朋友阿賢，最初二人相處甜蜜，阿玲深信自己找對了終身伴侶。由於阿賢認為年輕人應以事業為重，他毅然決定到內地發展，每星期只能返港見阿玲一次。阿玲頓感寂寞，又怕阿賢在內地結識另一個女友，故此她每隔一兩小時便致電阿賢，若他不接聽電話及每週未能準時返港，她便大發雷霆。阿玲甚至要求阿賢回港工作，又擅自收起阿賢的回鄉卡，藉此挽留對方，阿賢有感被女友過分束縛，終提出分手。阿玲承受不了打擊，拒絕進食及閉門飲泣。阿玲有感自小沒人疼愛，又恐怕失去阿賢後，再找不到疼愛自己的人，在極度沮喪之下，割脈自殺。

想一想：

1. **你看到阿玲對關係的渴求跟抑鬱情緒的關連嗎？**
2. **你的童年經驗可有與阿玲相似？有哪些地方是直接或間接造成抑鬱的原因？**
3. **這些不愉快的經驗，如何影響你的做人信念和價值觀呢？**

2 抑鬱如何破壞關係

抑鬱的情緒不單受人際關係的問題影響，它反過來亦會直接或間接破壞你與別人的關係。當你情緒低落、抑鬱時，你最需要別人的關懷。但偏偏你的抑鬱會使別人卻步，不能好好地支持你。為什麼？因為當你感到抑鬱時，你會對周圍環境失去興趣，包括人際關係。你可能感到做每件事都很吃力，特別是與人相處。所以很多抑鬱的朋友都會在社交上退縮，將自己收藏起來，不想與人接觸，甚至拒人於千里之外。這當然會叫身邊的人難做，就算想支持你也愛莫能助了。

另一個抑鬱造成的問題是：你的自信心變得低落，安全感會很薄弱，你像隻受了傷的動物，對周圍環境特別警覺，害怕再受傷害。因此，你會對別人的言談和舉動特別敏感，甚至容易曲解別人的善意，以為別人看不起你、嘲諷你，其實這可能只是你自己內心問題的投射而已。

討論區

難受的第一課

小英的抑鬱情緒漸漸改善，經臨牀心理學家鼓勵，她嘗試參與社區中心的活動，報名學習插花。開課前一天，她接到導師的電話提醒出席時間，她亦依時到達。在班上，小英留意到不少學員對插花技巧甚有研究，小英發覺自己只是初學者，根本沒有資格跟他們交流，於是整個課堂也沒有與人交談。自那堂結束後，小英感到很失落，又再次自我封閉，她亦缺席第二堂課。導師致電查問究竟，她說：「因為第一次你有來電通知我，我以為你每次也會這樣做。」導師問：「我們只會在第一堂前通知學員，抱歉令你有這個誤會，那麼你為何不致電中心問清楚？」小英答：「因為我以為你覺得我比其他學員差，不應再來學習，我怕問多錯多……而且個個學員也很了不起，他們又怎會看得起我？」

想一想：

小英對插花班卻步的原因，會怎樣影響她的人際關係呢？

3 提防抑鬱的負面信念

當你陷入抑鬱的網羅時，以往一些隱藏了、與人有關的信念很可能會被引發出來。在你的成長當中，你對自己和這個世界產生的信念都是與你的父母和身邊的人息息相關的。**你的自我評價往往與父母或身邊的人對你的評價有關，他們可說是你的滿足和痛苦的主要源頭。**他們與你的相處方式也會模塑你對關係的看法。(詳情請參第四章〈信能改變〉)

如何可以發掘自己在人際關係中的深層信念呢？你可試做這個練習：在未來的一個星期，每日都記錄一次與人交往的過程，或是你想起某個人時的感覺。順序寫下事件中的感受、想法，和可能反映出來的信念。

一般常見的深層信念包括：

- 被拒絕感——這種信念源於童年被拒絕的經驗，或被疏忽的情況；它會使你覺得最親近的人最終都會離棄你。
- 依賴感——抑鬱令你更感到需要別人的支持，使你對自己更沒自信，覺得必須依賴他人，這種信念可能源於過分呵護的父母。
- 脆弱感——這種信念使你極度憂慮、缺乏安全感、覺得自己無能，這種信念可能源於悲觀敏感的父母，或童年的創傷經驗。

這些負面的深層信念只會叫你在人際關係中更加痛苦，被拒絕感可能叫你強迫自己獨立，不需要任何人；依賴感使你更依附身邊的人，結果可能令對方吃不消而與你保持距離；脆弱感使你神經兮兮，極度敏感，使身邊的人難於與你相處。總之，你必須提醒自己，儘量避免落入這些思想的陷阱，否則會使你與關心你的人之間關係出現問題。

4 培養正面的人際關係

當你陷入抑鬱時，你更加需要注意人際關係，靠着別人的支持和自己的努力，你就有更大機會改善情緒。當心情低落時，**你必須緊記：關心你的人願意分擔你的痛苦和難處，而分擔真的可以使苦痛減半！**當你願意向可信任的人開放自己時，你就不會感到那樣孤單，亦可借助別人的力量，去挑戰抑鬱這惡魔了。

要克服抑鬱的情緒，其中一個好方法就是與你身邊的人，一起找一些過去喜歡做的事情來做，亦可嘗試新的事物，增加愉快的經驗來平衡抑鬱的情緒。另一個好處就是可以避免獨處時間太長，以致容易胡思亂想，跌入鑽牛角尖的思想之中。有研究顯示，抑鬱的人獨處時會產生更多低落情緒和負面思想，所以與身邊的人一起多做輕鬆愉快的事，是抗抑鬱的「良藥」。你必須安排清晰具體的行動計劃，否則會很易放棄這個念頭，你可考慮：

- 每晚與你親密的人傾談一日所發生的樂事。
- 安排每星期與親密的人做一件愉快的事，例如：郊遊、看電影、逛街、與朋友見面等。
- 一年之中與你身邊的人至少放一次大假去旅行，洗滌一下心靈，讓自己的神經完全鬆弛，重新得力。
- 與你身邊的人一起發掘新的興趣，作新的嘗試，尋找新鮮的經驗。

5 溝通的藝術

有一位美國國會祕書，把「所有外國水果樹均可免稅。」這句話，記錄成「所有外國水果、樹均可免稅。」未及時修正錯誤前，這命令使國家損失了兩百萬元。原來一個逗點也可以導致兩百萬元損失，我們真的要多多留意溝通之道。中國有句諺言：「一言可以興邦，一言可以喪邦。」可見有效的溝通十分重要。如何在抑鬱中仍能建立正面的關係和支持呢？我們試從以下四方面去着手：

5.1 基本態度

(1) 當你抑鬱時，很自然會想退縮，收藏自己，不願與人交往，但請記住：自我孤立並非出路，你要對抗這種退縮的想法，找人傾訴和支持。

(2) 請不要過度敏感，受自己的偏見所影響，對人失去信心，甚至懷有敵意。對方的行動和表現很多時並非因你而引起的，而是有它們本身的背景（例如：對方自幼不知如何面對父母的負面情緒，以致也不知如何面對你）。只要做些「非個人化」的思考，便可避免過度敏感。

(3) 你必須小心尋找合適的支持和傾訴對象，找錯對象可叫你更痛苦和失望。最好能找些成熟而又願意關心你的人，或你可信任的至親。

(4) 你必須有願意冒險的精神，有勇氣去主動找人分擔，或接受對方的關心。你不能因為怕受傷害而拒人於千里，只要肯嘗試和努力，一定可以找到了解和願意支持你的朋友。

5.2 說話的技巧

(1) 多用「我」字句

以「我」字開頭的句子表達自己的處境和感受，真誠的分享往往能使對方產生感應，從而增加對你的關懷和支持。切忌用埋怨的口吻去批判對方（與「我」的句子相反的「你」的句子，例如：「都是你的疏忽，你不關心我！」)，因這只會令對方覺得你自我中心，不願為自己的問題負責。

例子

妻子要求你暫時照顧孩子一會兒。

「你」訊息回應：「你明知我睡得不好，
你還嚷着要我照顧孩子，你有否為我設想？」

「我」訊息回應：「我昨晚睡得不好，
我想休息多一會，我怕自己沒精神照顧他，
孩子的事可否勞煩你呢？」

(2) 多用欣賞語句

人際關係大師卡內基（Dale Carnegie）曾說：「避免嫌棄人的方法，只有一個，那就是發現對方的長處。人的長處是一定可以發現的。」

讚賞對方對你的支持和關懷：任何人都喜歡被欣賞的，但這必須是出自你真心的態度，並且要具體地讚賞對方的表現，而非空泛的言辭。我們有時覺得稱讚別人很難為情，這可能因為我們自小就沒有養成稱讚別人的習慣。其實，學習稱讚別人能建立我們正面和積極的思想。當我們稱讚別人時，便會想起對方的優點，腦中自然充滿正面積極的思想。久而久之，我們便能訓練自己專注在正面和積極的事情上。

(3) 觀察別人的反應

分享感受和經歷時要注意對方的反應，應該適可而止；不要絮絮不休，多次重複你的問題，這可能會令對方煩厭。須在溝通中靈活地因應對方的反應而作出適當的回應，例如對方表現疲倦或沒耐性時，就須體諒對方，靜待適當的時機才傾訴。

5.3 有效的聆聽

(1) 將心比己

有一種負面思想模式叫做「讀心術」(mind-reading)，意思即是主觀地以為自己知道對方的內心世界和內在想法。當我們自以為很了解別人的想法，便會覺得沒有需要去聆聽別人說話，我們跟別人的溝通就變成了「你聽我講」的情況。雖然你有抑鬱，但也要明白關心你的人，有時也會感到壓力；當人感到壓力太大時，便很可能退縮。我們惟有承認自己未必了解別人的想法，我們才有興趣去詢問對方的想法和感受，亦令對方有興趣跟我們分享。

(2) 平常心

當人心情惡劣時，對別人的意見或批評會特別敏感，如能以平常心客觀地接受別人的意見，對你會更為有益。儘量考慮對方意見中合情合理的地方，試從對方的角度去思考事情，不要因自我保護而作出過激的反應。

(3) 同理心

抑鬱很容易令你變得自我中心，不易從別人的角度來看待事情。所以，你需要留心別人的想法和感受，練習以同理心去回應對方，嘗試明白對方說話內容背後所表達的感受，嘗試代入對方的位置去理解為何他會有這種感受或想法，這將有助你與身邊的人建立更親密的關係。

5.4 衝突處理

人際關係難免會有發生衝突的時候。當你心情惡劣時，處理衝突或會變得特別困難。大多數情況下，衝突皆因以下的分歧造成：價值觀、意見、做法、處事作風和利益。最佳處理衝突的方式是尋找雙贏的策略，「我贏你輸」這種勢不兩立的方式，並非上策。即使今次在衝突中給你佔了上風，但對方事後可能會反擊，結果造成兩敗俱傷的局面。你可嘗試以下的方法：

(1) 強調尊重對方

在尋找協商的方案時，可重申在這衝突事件中你並非針對對方，你仍然重視彼此的關係，仍然尊重對方。這有助對方降低自衛或怒氣，促成雙方更易和解。

(2) 從多角度去思考問題

不要單以自己的角度出發，也嘗試考慮對方的立場、利益、想法、感受，易地而處，你也可能做出一樣的事情，抱一樣的態度。這將有助尋求對雙方都有利的方法。這個「角色逆轉」方法很奏效，不妨一試！

(3) 尋求解決之道

你要嘗試了解衝突的真正原因，是哪些方面彼此有矛盾呢？找出問題的核心才可對症下藥。然後嘗試思索可能的解決方案，考慮每個方案的可行性、優點、缺點等，最後你得選擇最有利雙方而又可行的方案，付諸實行。

(4) 緩和衝突中的氣氛

你可試用一些令對方感到較舒服、較易接受的語句，例如：承認對方也有他的理由，你願意嘗試了解對方的感受和想法。這並不表示你要放棄自己的利益或立場，只是讓對方知道你是個講道理和願意和解的人而已。很多時雙方氣氛緩和之後，解決方法自然會產生。

6 健康的界線

健康的關係有賴人際間健康的界線（boundary）。健康正常的界線牽涉到三方面：

(1) 你對自己的看法；

(2) 你對別人的期望；

(3) 你如何處理別人對你的期望。

事實上，很多人際關係的問題都源於這三方面的偏差和缺陷。**前文提過，如果你過分依賴別人對你的評價來肯定自我，將自己的價值建築在別人的眼光之上，這是因你對自己缺乏正面的看法（請參第九章〈接納放下〉）；**與此同時，你亦會對別人有過高的期望，希望對方能完全滿足你的渴求和需要（其實這是沒有可能的，世上沒有一個人真的可以做到這點），這就是不健康界線的表現。

再者，缺乏健康界線的人也可能錯誤地理解和處理別人的期望，可能因害怕叫對方失望，或害怕遭拒絕和不喜歡自己，而盡力討好對方，甚至為此而嚴重犧牲自己的利益亦在所不計！

所以，要活得開心，你就必須學習與人建立健康的界線，即既尊重自己、肯定自己、重視自己的需要，同時亦正確地理解和處理別人的需要和期望；不會因「過界」而傷害了自己，儘量尋求合情合理的方式去滿足雙方的需要，共享和諧的關係。

7 結語：關懷是最佳良藥

人間有情，這是你永遠不可背棄的信念和希望。你的抑鬱可能是源自你對別人的失望，或者別人對你的傷害，但你絕不可因過去一些心靈的創傷而對人失去信心，對人間之情失去盼望。燃點希望的方法有賴與人建立親密互愛的關係，無論是親情或友情。任何關係的建立都帶有冒險成分，只要你抱着真誠關懷的態度待人，必有人會欣賞你的主動，並作出相應的回應，良好的關係就可以建立起來。當你的人際關係網絡重建時，你的心情自然會改善，也就可以享受與人一起的經歷，和彼此關懷支持的樂趣。

1. 在未來一星期，記錄你每次與人交往的過程，或想起某人時的感覺。一個星期後，你會發現自己在人際關係中慣常有的深層信念：

與人接觸的過程	感受╱情緒	想法	可能反映出來的信念
例：我今日向上司提出一個工作上的意見，對方表現得不置可否，沒有積極地回應。	難受、被忽略、被拒絕。	上司一定是覺得我的意見太幼稚和膚淺，所以才不屑一顧，完全沒有興趣回應。	我一向都不被人重視，我是個無用的人。

經過一星期的記錄後，你不難發現自己一些慣常有的信念，而這些信念可能就是影響你人際關係，以致情緒健康的因由。

總結：你在人際關係中的深層信念包括：

(1) ______________________________

(2) ______________________________

(3) ______________________________

2. 與人同樂

你可以在未來一個星期與身邊的人一起做的樂事：

(1) ____________________

(2) ____________________

(3) ____________________

3. 溝通的藝術

你可以向誰説欣賞或感激的話：

對象：____________________

欣賞／感激的話：____________________

何時向對方表達：____________________

4. 衝突處理

試回想一次與人衝突的經驗，你可如何改善自己的處理方法：

衝突原因：____________________

從對方的角度去思考：____________________

從第三者客觀的角度去思考：____________________

更有建設性的雙贏方案：____________________

參考資料

Cloud, H. & Townsend, J.（2002）. *Boundaries: When to Say Yes, When to Say No, to Take Control of Your Life.* Michigan: Zondervan.

McQuaid, J. R.（2004）. *Peaceful Mind: Using Mindfulness and Cognitive Behavioral Psychology to Overcome Depression.* Oakland, Calf.: New Harbinger Publications.

Satir, V., Banmen, J., Gerberm, J. & Gomori, M.（1991）. *The Satir Model: Family Therapy and Beyond.* Palo Alto, CA: Science & behavior Books, Inc.

第九章　接納放下：抑鬱與自我

良好的自我感覺是情緒健康的必備條件，所以你要提防抑鬱中最常見的內疚和自責，好好的學習善待自己，欣賞自己，做自己的知心友。

美國作家 Madsen 等人的著作 *Habits of the Heart* 論述現代人的心態和價值觀，當中最明顯的是「自我膨脹」—— 擴大了的個人主義，這種心態也是導致很多人感到生活空虛、無聊的主因。在這一章裏，讓我們探討一下「自我」這個不能忽視的問題。

1 自我中心及自卑的人較易抑鬱

臨牀經驗所見，很多抑鬱症的朋友都是較在乎自己的。他們經常想到自己的需要、擔心自己的利害，思想上總是環繞自己的問題，較在意生活上的不如意事；也較難接受打擊和挫折。不知你是否這一類人呢？無疑，抑鬱也可能使人產生這些反應，不過似乎不少朋友都是先有這些性格特徵，然後才出現抑鬱。所以這些與自我有關的特徵，可能是造成抑鬱的部分原因。

較在乎自己的人也是較自我中心、較在意自己的需要、期望、喜惡、感受的人；他們想過一個順心如意的生活，難於忍受失敗和失望，難以平常心接納現實，以致情緒上較易感到沮喪失落。另外，自卑感重的人也較易產生抑鬱的情緒問題。自卑感可以源自：

- 自我的評價偏低，認為沒有值得自豪的地方
- 否定自己的價值和能力，覺得己不如人
- 懷疑別人對自己的接納
- 缺乏社交上的支持，社交能力薄弱

討論區

失意的黃仔

黃仔今年 30 歲，中五畢業後投身社會工作，他轉工的頻密程度和次數，連他自己也數不清。他任職最長的工作為期半年，最短只有半天，待業比工作的時間更長。

黃仔時常抱怨自己無力應付對人的工作，例如售貨員、侍應等；但任文職時，又覺得語文能力不及別人。而最大的問題是，他總認為與他共事的上司和同事皆小看他，不容許他在工作崗位上發揮才能。每當被上司提點時，他總覺得是被同事針對，打小報告，他差不多每次都是在此情況下辭工的。

最近，黃仔已失業 4 個多月了，感到十分灰心。他漸漸覺得再難找到合適的工作，終日把自己關在屋內睡覺，或借賭博消磨時間。他也缺席中學同學的婚宴，因為怕與其他人比較，相形見絀。

想一想：

你認為黃仔是如何看自己和別人呢？長期如此，會帶給他什麼影響？

從另一方面來看，**抑鬱也可以令人更加以自我為中心，將注意力從周圍的事物完全轉移到自己身上**。因心情低落，對事物失去興趣，變得只關心自己的需要和感受；將負面感覺擴大，變成一個自困的囚牢，找不到出路，產生惡性循環，如下圖所示：

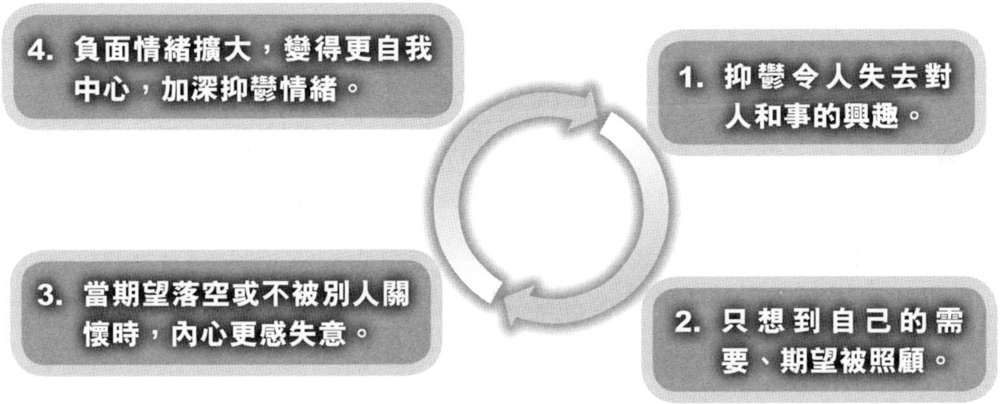

4. 負面情緒擴大，變得更自我中心，加深抑鬱情緒。

1. 抑鬱令人失去對人和事的興趣。

3. 當期望落空或不被別人關懷時，內心更感失意。

2. 只想到自己的需要、期望被照顧。

2 自我是敵是友？

以上所提到的問題，皆因我們每個人都有一套自我的觀念，有時被稱為「自我形象」或「自我觀」，當中包括我們對自己的評價，直接造成我們的「自信」、「自卑」、「自我價值」等心理條件。一個健康的自我形象和自信心，是心理健康和幸福人生不能或缺的基石，也是預防和對抗抑鬱的重要支柱。

我們的自我觀念在嬰孩時期（大概一至兩歲時）已開始萌芽，最初我們只知自己有一個會活動的身體，這身體可以與外界接觸，會使一些事情發生。漸漸地，我們明白到自己是個自主、獨立的個體，有思想、情感和行為，有些東西屬於「我」，有些東西不屬於「我」，自此，自我觀念已初步形成了。

隨着自我觀念的形成，我們也同時會對自己作出評價。如果我做了一些事情，或有某些經歷，父母和其他大人加以稱許、鼓勵，那我就自然會覺得自己是好的；這些經驗經過無數次重複與內化後，正面的自我評價就會產生，這就是自尊和自信的基礎。**反之，如果我做的事情和經驗，經常被父母否定或忽略，我自然會產生負面的評價，同樣經過內化過程之後，就會自然產生自卑和缺乏自信的結果。**

在整個成長的過程中，你的自我形象、自尊和自信的形成，都與以下的情況有關：

- 家庭
- 父母及其他人的態度和評價
- 實際經驗
- 自我的評價

3 抑鬱時如何對待自我

抑鬱時，你通常會負面地評價自己，如果你不能接納這種負面情緒，你又多了一個理由去批評自己，覺得自己無用或做得不好。因此，你在抑鬱時更要提醒自己，對自己的看法和評價很可能會受情緒影響，是不公平和不客觀的。你必須經過這種思想的調整，才可較客觀地看待自己。

抑鬱時，你可能會缺乏自信，很想有個可依賴的人作靠山，幫你解決所有問題，對你愛護有加。這當然不錯，但未必可以加強你的自信和自尊，長遠來說對你幫助未必最大。你在抑鬱中需要學習如何善待自己，對自己仁慈一點，並加以自我鼓勵。如果你也不愛惜自己，珍惜自己的人生，你還指望誰來愛惜你呢？在抑鬱的時候如何善待和愛惜自己？你可以考慮以下的建議：

3.1 接納自己

無論一些現實和感受令你如何不開心，都要學去接納它和當中的感受，不要否定它們。矽谷知名創業人林富元曾經歷生意豐收和失敗，他認為人生是「沒有失敗，只有經驗」。它們是屬於你生命的一部分，只要你願意耐心聆聽，從中學習，它們都可以教你一些寶貴的人生功課。

心理學家Smith和Elliott曾經用一個有趣的比喻來說明這點：試想像你和你的抑鬱角力，像拔河一般。你用盡氣力想將抑鬱拉到你那邊時，抑鬱卻像一隻恐怖的怪物，每當你拉得愈大力，對方也會扯得更大力，你沒有可能勝出這場拔河。突然，你想到一個絕招——放下繩纜，離開現場，不再參與這拔河。那抑鬱的怪物立時失去重心，翻了一個筋斗，跌在地上(試想像那情景，可覺得有趣？)。你決意不再糾纏，接受現實以輕鬆的心情面對，問題突然間也變得較容易應付，很多人都經歷過這種情況。

3.2 寬待自己

面對挫敗和批評時，請你：

(1) 停止鑽牛角尖。如果你對某些令你不愉快的事情百思不得其解，就別去想了，反正就算你抓破頭皮也不會有結果，又何苦為難自己呢？別想太多，不鑽牛角尖，人生何其自在。

(2) 別老是將過錯歸咎自己，事情的發生通常都涉及多種原因。將過錯全攬在身上，既對自己不公平，亦對未來無裨益。

(3) 回想美好的經驗，肯定自己的價值。

(4) 當自己心裏受傷，感到疲憊與挫折時，以朋友的立場與思考角度來對待自己，而不要對自己過於嚴苛。

若想每天增加快樂，請你為自己做些貼心的事，就是做起來會感到滿足、快樂與喜悅的事。無論再忙碌，都要抽出一些時間，因為做貼心的事能讓我們更有活力，感到更愉快。

3.3 欣賞自己

這與接納自己不同，可說是再進一步肯定自己。我們必須提防犯上自卑的毛病，我們很多時不自覺或被迫將自己與別人比較，或與自己所定下的標準（包括內化了別人的標準）比較，集中注視自己的不足之處、不達標或不及人的地方，以致產生強烈的自卑感。（你可以參考總結〈抗鬱疫苗〉「學習發揮自己的優點」）

若要扭轉這個情況，你必須停止與別人作出無謂的比較，因為每個人的背景不同，表面的比較實在是沒有意義和不公平的。你應轉移思想的焦點：

- 留心發掘自己的優點和長處，欣賞自己過去的認真和努力
- 欣賞自己在艱難中仍不放棄
- 欣賞自己與眾不同、獨特的地方
- 欣賞自己善良的動機，即使做出來的不一定達到理想

提提你

只要你不斷練習欣賞自己，自然會自信增加，自卑減低。當然，欣賞自己不等於狂妄自大，驕傲自恃，相信自己是高人一等，什麼都可以做到，這明顯是自負，並非健康的自信。

3.4 放下自己

還有一個策略不得不提，否則無法完善地處理「自我中心」或「自卑」的問題，這就是「放下自己」。正如前面提及的「自我膨脹」，過度個人主義是造成現代人心靈空虛和情緒低落的原因之一。最佳的對應方法就是學習在適當的時候放下自己。自我形象固然重要，但經常只想到自己的需要，將全部精力用來處理自己的問題，有時會弄巧反拙，甚至會因過分專注和緊張而將問題複雜化。所以，有時要將自己抽離出來，從抽離或旁觀者的角度去看問題，為自己製造更大的空間；你可能會發現自己與問題之間出現一種新的關係，不再被問題纏繞，而能以平常心去看待它，這就是放下自己的祕訣。(可參考第六章〈覺知力量〉)

討論區

給媽媽的一封信

阿麗一直因成為單親家庭的事實而不能釋懷，抑鬱情緒令她事事也提不起勁，洗衣服煮飯等家務也不能完成，兩名子女每天只有吃飯盒或即食麪。兄妹二人亦常因誰去洗碗而爭吵起來，令阿麗更感悲痛。她覺得子女不懂事，不能替她料理家務；她亦因婚姻破裂，不能給孩子溫暖而內疚萬分。

有一天，阿麗看到枱上放了一封寫着「給媽媽」的信，原來升中五的長子在信中表白，因想多抽時間溫習應付考試，故未能盡責料理家務，更表示希望努力讀書升大學，日後找到一份理想的工作，改善媽媽的生活……

阿麗看過這封信才恍然大悟，開始留意子女的言行，發覺他們很顧家和孝順，亦沒有因單親孩子的身分而自暴自棄；相反，身為母親的卻毫不振作。阿麗開始明白必須開放自己，從別人的角度理解事情，她的情緒亦漸漸穩定下來。

想一想：

當阿麗的眼光開闊過來時，你認為她和子女會有什麼得着？

3.5 提升自我效能

自信心強的人較有抗逆力，遇到生活的打擊時較少出現沮喪抑鬱的反應。因此，提升自信是對抗和預防抑鬱的有效方法。我們需要對自己有信心，才能在日常生活中感到安穩、快樂。學習提升「自我效能信念」(sense of self-efficacy)，相信努力會有成效，是可達到目標的，即相信自己能夠掌握努力的結果。(請參考第七章〈意義重尋〉)

要令努力有成果，我們需要注意以下五個重點：

(1) 決心

決心付出努力，不會輕言放棄，也不輕易説出：「我做不到！」

(2) 專注問題

專注於尋求解決問題的方法，而非單單發泄情緒，光是吐苦水。

(3) 有耐性

你有試過種植盆栽嗎？播種後，除了要努力澆水、施肥、除蟲外，還需要很有耐性，盆栽才能開花結果，給你欣賞。若想你的努力能有成果，道理也一樣。

(4) 明白自己的限制

即使我們肯去努力，這並不表示我們一定會成功。事情的發展有時並非如我們所願。但在解決問題的過程中，我們的得益包括：發現了自己的期望未必符合實際，因此需要修正；發現了事情能夠有不同的可能性，不需要執著於單一看法。這種種得益，都能加強我們對自己的認識和自信心，使我們勇敢地去改變自己可以改變的事情。

(5) 有策略地努力，步驟包括：

1. 先找出問題所在
2. 尋找不同的解決方法

3. 寫出每種解決方法的好處和壞處
4. 選擇好處較多的解決辦法
5. 實際行動
6. 檢討行動的結果，有需要時便修正行動
7. 繼續行動，不斷檢討，直至問題得到改善為止

5 結語

上章的主題是人際關係，本章的主題是自我，兩者有着密切的關連。自我過分膨脹或萎縮都會影響你的人際關係，破壞健康的界線。**良好的自我感覺是情緒健康的必備條件，所以你要提防抑鬱中最常見的內疚和自責，學習善待自己、欣賞自己，做自己的知心友。**這樣，你自然會在人際關係和情緒健康方面，取得正面的成果。

1. 在抑鬱時，更需要留意你的「自我對話」，特別是那些自評性質的，嘗試運用第四章所學的思想改變方法為自己改寫「自我句子」。

例子：負面自評：「我毫無人生意義，我不值得生存下去！」

正面句子：「我有女兒給予的愛，我會為她努力活下去！」

練習：

負面自評:「我試過很多改善情緒的方法，一點起色也沒有，我真的無藥可救！」

正面句子：__________

負面自評：__________

正面句子：__________

2. 欣賞自己

請列出你欣賞自己的地方：

(1) __________

(2) __________

(3) __________

(4) __________

3.　寬恕自己

你有哪些未能寬恕自己的事情或地方？你要怎樣才會寬恕自己呢？

____

4.　提升自己

你有何提升自己的計劃？

____

5.　放下自我

你有否太執著自我呢？你可怎樣從一個抽離、旁觀者的位置來看待自己呢？

____

參考資料

Bellah, R. N., Madsen, R., Sullivan, W. M., & Swidler, A. (2007). *Habits of the Heart: Individualism and Commitment in American Life.* Berkeley: University of California Press.

Smith, L. L. & Elliott, C. H.(2003). *Depression for Dummies.* Hoboken: Wiley Publishing, Inc.

總結　抗鬱疫苗：正向心理

喜樂的心，乃是良藥……

——《聖經．箴言》17 章 22 節

這本書已經接近尾聲，希望書中的自助方法對你有用。最重要的還是要勇於嘗試，落實書中提供的方法，達到情緒自助。當然我們仍要提醒你，有需要時應尋求專業治療或專業人士的協助，與本書的方法互相配合，才能取得最佳的治療效果。

1 預防抑鬱的最佳疫苗

除了前面提及對抗抑鬱的自助方法外，若希望長遠能活得充實快樂，或防止情緒病的復發，最好莫過於尋找快樂人生的途徑。也許你以為尋找這些途徑非常困難，其實現代心理學，特別是近年迅速冒起的正向心理學(Positive Psychology)，在這方面有很多的研究和啟示。當然，你亦可以將身邊人的經驗作為借鏡，甚至你自己過去的經驗，也有一定的參考價值。

若果抑鬱情緒或憂鬱性格已維持了一段時間，你可能對快樂或正面的情緒已經感到陌生，或不再覺得自己可以快樂。其實快樂與否的確可以是你的選擇，雖然這個選擇有時不易做，需要付出和努力；不過請你首先相信自己，相信快樂是可能的。**事實上快樂與否並不在乎環境，而是在乎你對現實的態度，和有否採取積極的行動**。以下我們將會向你介紹正向心理學對快樂的研究和啟示。

話你知

誰最快樂？

根據「正向心理學」的始創人沙利文（Martin Seligman）的著作《真實的快樂》*(Authentic Happiness)*，在過去半個世紀，發達國家的物質條件進步不少，但抑鬱症的病發率卻不斷增加！可見金錢並不能買到真正的快樂，數據包括：

- 過去 40 年美國人的平均收入增加一倍，但自覺非常快樂的人反而少了（由 35% 跌至 33%），可見財富的增加（享樂條件也相應增加），並不保證快樂的增加。
- 美國追蹤巨額獎金得獎人的調查顯示，那些忽然富起來的人，一年後並沒有比無獎金的人快樂很多。
- 相反，哪些人最快樂呢？國際組織「全球價值觀」進行的研究指出，最快樂的國家，分別是波多黎各（加勒比海的島國）和墨西哥等普遍被認為較貧窮的拉丁美洲國家，一些有名的富庶國家卻十大不入。

由此可見，財富的多少與你的快樂多少沒有必然關係；反而研究顯示，愈渴望得到財富和物質條件的人，愈是不快樂，你知道為什麼嗎？

2 快餐式的快樂

美國心理學教授 Ed Diener 被《時代雜誌》稱為快樂研究之父，他研究了快樂這課題幾十年，累積了不少豐碩的成果。從他的發現中，你估計以下哪一項會帶給人快樂呢？

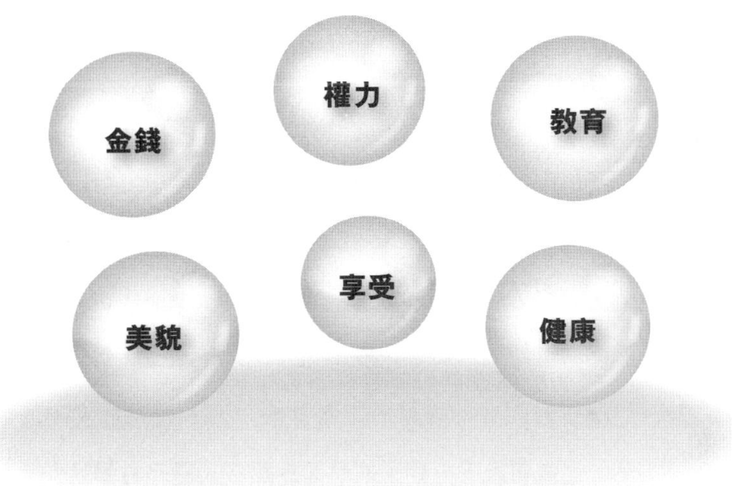

由於他及其他學者的研究，我們現今得以明確知道一些與快樂有關的結論。現代社會的風氣很多時鼓吹一種「快餐式」的快樂，企圖以最容易、不須付太大代價的方法，來獲取即時的滿足。事實上，20 世紀中葉以後「享樂主義」已成為很多人的生活哲學，但原來心理學在這方面的研究，並不支持這種廉價而短視的「享樂主義」。這些以享樂為主的活動，如看電視、玩遊戲機、吃喝購物等，其滿足感很易達到飽和，重複這些活動已無法使你更快樂，滿足感也會減退。也許，你知道金錢並不能保證快樂，但你又可知，原來根據研究的結果，權力、教育、美貌，甚至健康，也並非快樂的絕對保證，但我們往往用很多時間和精力，去追求這些東西。或者你會質疑：健康也非快樂的保證？的而且確！研究指出，自己對健康的主觀想法，比實際上身體的健康情況更重要！

話你知

曾經有一個調查，發現很多中了彩券的人士，較中彩券之前不快樂！這似乎是違反常理，但其中大有道理。因為中了彩券的人，雖然生活水平大大提高了，但同時自己的「胃口」也提升了，慾望愈來愈多，以致不能輕易滿足於平凡的生活。例如以前在快餐店吃一頓早餐，已感到極大享受；但現在做同樣的事情已沒有喜樂可言，而要追求更高的享樂了。換句話說，無窮的慾望令這些人更不易滿足於現實，自然比以前更不快樂。

3 尋找真快樂

短暫的享樂雖非一無是處，但並非長久真正快樂之源，那麼怎樣才可獲得真正的快樂呢？正向心理學在這方面仍在進行很多研究，但以下幾方面可說是已經獲得一定的證據支持，你不妨嘗試一下，相信對減少抑鬱和增加快樂都有幫助：

3.1 知足與感恩

中國人有句諺語「知足者常樂」，與西方心理學的研究可謂不謀而合。**原來增加快樂的方法之一，就是對過去發生在你身上的美好事情，常存知足感恩的心，為一切你所作的，或上天與別人作在你身上的美事而心存感恩。**也許你平日沒有太留心數算人生中的美好事物，甚至滿腦子只有埋怨和悲觀的思想，只注目於負面的經驗。只要你現在開始扭轉你的注意力和態度，就像轉換電視頻道一樣，多注意值得欣慰的事情，就容易感到知足了。只要你持之以恆地去做這個「感恩練習」，平和滿足的心情就會油然而生。你可試用以下的建議：

- 每日數算自己所擁有的美好事物。
- 回味感受美好事物帶來的祝福和好處。
- 感謝上天（若你有宗教信仰）和感謝在人生路上曾幫助扶持過你的人，甚至你可以書面或當面向他們表達謝意。
- 感謝自己一直抱着不放棄的態度，為自己的事情曾作出的努力。
- 自己所擁有的一切都不是理所當然的，想到世上比你更不幸的大有人在，應該學會知足。

話你知

常存感恩，真的好！

心理學家 Robert Emmons 和 Michael McCullough（2003）曾就感恩這課題作過一連串的研究，證實感恩活動的確能增強個人的滿足感和快樂。以兩組參加者作對照，他們發現作感恩練習的人比沒有作這練習的人，較多出現以下的情況：

1. 較多正面情緒
2. 更願意幫助別人
3. 較少負面情緒
4. 較為樂觀
5. 感覺與人更親近
6. 較少身體毛病

提提你

你會否認為，你所擁有的是微不足道？我沒有樓、沒有車，又沒有……我怎能開心呢？那你又跌進埋怨的陷阱裏面了！又將焦點錯放在你所沒有的東西上！若果細心想想，我們所擁有的已經很不簡單，問題在於我們是否懂得欣賞和享受。我們太容易將自己擁有的視為「理所當然」，其實，沒有事情是「理所當然」的，健康的身體不是、工作不是、家庭不是、甚至很微小的事情也不是，例如：

（1）**三餐溫飽**：你可有嘗過飢餓的滋味？你知否世界上至少有十億人口未嘗溫飽呢？一頓飯對他們來說是奢侈品。我們不用耕種畜牧，就能享用美味的食物，不是一種恩典嗎？

（2）**安身之所**：你知否世上有多少仍在戰亂中的國家，當中的人民朝不保夕，顛沛流離，隨時有生命危險，我們能夠有安身之所和人身安全，又是否「必然」的呢？

（3）**四肢健全**：人體的奇妙是現今科學家也無法完全理解的，簡直就是一個傑作！你知否我們眼能見、耳能聽、四肢能動已經是一個奇蹟！你知否世界上每日有三千多人是完全癱瘓，只能臥牀？你又知道世上有多少盲人、多少聾人呢？

3.2 尋找生活意義

研究指出，覺得自己的生活有意義有價值的人，活得比較快樂滿足；但另一方面，又有調查發現，只有約 7% 的人能清楚説明自己的人生目的是什麼，而寫下來的人則不超過 3%，可見這是較難掌握或説明的一項。

第七章曾提過心理學家 Emmons 的研究發現，大多數人認同的生活意義不出以下四個範疇：親密的關係、工作 / 成就、宗教信仰、貢獻（對別人和社會）。似乎上述人生目標，沒有一個是以享樂為中心的。**事實上，古今中外很多哲學家和思想家，都一致覺得享樂主義和自我膨脹，是近代人心靈空虛苦悶的原因之一。**想要真正的快樂，我們就要追求超越短暫式享樂的目標，例如與人建立關係、幫助別人、發揮所長等。你若希望活得快樂，就不應單單專注自己，這只會令你的心情更加低落，你可嘗試以下的建議作為你追求的目標：

- 幫助有需要的人
- 發展一項新的興趣
- 進修充實自己
- 儘量發揮自己的優點
- 對人和藹親切
- 追求靈性或內心的豐盛

任何人都可以找到自己的生活目標，只要這些目標是對己對人有益和有價值，就不妨全情投入，享受追尋和達成目標的樂趣。你可參考第七章〈意義重尋〉的內容和建議。

3.3 神馳

美國加州克萊蒙大學的心理學家 Csikszentmihalyi 曾進行一個深入的研究，訪問了幾千位不同種族、年齡、文化和經濟背景的人士，以了解什麼是他們最樂在其中的經驗。綜合研究結果，在踏入這種狀態時，大家的體會都包含了以下元素：

- 帶來玩樂、忘我的感覺
- 有掌控感
- 精神高度集中
- 帶來滿足感
- 使人忘卻時間流逝
- 兼備挑戰與技術

這種達至投入忘我、開懷暢快的境界被稱之為「神馳」(flow)(大陸及台灣也有譯作「心流」)。一個經常有「神馳」表現的典型例子就是中國著名鋼琴家郎朗。他每次演奏鋼琴時都是那樣全情投入，身體每個細胞都陶醉於古典音樂的旋律中，那渾然忘我的表現，正是「神馳」的最佳演繹！

要留意的是，並非所有活動或工作皆能達到這種境界，大家平常會進行的活動，例如看電視和逛街等，表面令人開心，內心卻未受感動，此類活動被稱為「假神馳」(junk flow)。能達到真正「神馳」的項目，必要具備下列的條件，包括：

- 有法可循
- 目標清楚
- 技巧和難度與自己能力配合
- 得到即時的回饋
- 有別於日常的經驗

當你抑鬱時，要做到「神馳」的境界確不容易，但若你願意嘗試的話，也許這就是使你尋到快樂，忘卻煩惱的一個最佳方法。因為在「神馳」的追尋和經驗之中，你可以暫時放下負面情緒，達至忘我境界，這豈非消除煩惱的良方嗎？**雖然要達至「神馳」需要付出一定的努力，但當你漸漸掌握所需的技巧和進入狀態後，你就能享受到「神馳」的樂趣，重拾生活情趣。**

現在就想想你最喜歡而又有可能帶來「神馳」的活動是什麼？是你的興趣？運動？藝術？或是工作？只要你開始去做，定能找到令你全情投入的活動。

討論區

他學了快樂神功？

阿初數年前因妻子病逝，無法接受這個打擊，患上抑鬱症。經多年治療，情況大為好轉，究竟改變從何而來？

阿初認為是因為學了太極，他把好處娓娓道來：「為了學習太極，我在大清早起牀，改掉過去因欠缺精神而賴牀的壞習慣，生活更有規律；因為學習時，要記着不同的招式，令我學會專注，上課記不熟，便回家再記，間接令我不去想不開心的事，減低胡思亂想的機會。每天學完太極後，又可以跟一羣同學飲茶談天，互相支持；最近我被教練推薦，報名考助教，可見我的苦練得到肯定。我會以當太極導師為目標，將這種興趣變成技能，好好發揮，再去幫助情緒受困擾的人走出低谷……我相信現在的我是給妻子的最好回報，因為她知道我積極地生活，把她的精神延續下去！」

阿初的教練則說：「他最初來學時，心神恍惚，時常缺席，進度緩慢，及後他學會了幾套招式，多了份成功感，又願意留下與我研究，愈學愈起勁。我覺得太極只是扶助他的其中一種方法，令其病況好轉的是他自己的恆心和投入呢！」

想一想：

你認為阿初何以能走出低谷，重尋快樂和人生目標呢？

3.4 發揮自己的優點

正向心理學其中一個主要研究範疇，就是如何界定及發揮個人優點和美德。心理學家沙利文相信，於有意義的事情上一展所長，才是真正美好的人生。其實，這個觀念可以幫助你抗衡抑鬱情緒。**因為大多數抑鬱的人都只注視自己的缺點和不足之處，甚少留心自己的優點，自然會感到負面悲觀。反之，若你多發掘和發揮自己的優點，那你的心情也會得到改善和提升**。沙利文及一羣學者（Peterson & Seligman, 2004）經過大量研究，指出大多數的文化都認同下圖的六大美德（virtues），當中包括二十四個個人優點（character strengths）。沙利文稱每人所擁有最顯著的五大優點為「突顯優點」（signature strengths），就像簽名般代表個人的特性。

六大美德與二十四個個人優點		
智慧與知識 • 好奇／興趣 • 好學習 • 公正／具批判思維 • 原創性／創造力 • 具備視野	**勇氣** • 勇敢／有膽量 • 勤奮／不屈不撓 • 整全性／誠實 • 熱忱／熱衷	**仁愛與人道精神** • 親切 • 仁慈／友善 • 社交智能
正義 • 公民權／責任／忠誠／團隊精神 • 平等／公平 • 領袖才能	**克己** • 寬恕／憐憫 • 虛心／謙遜 • 謹慎／小心 • 自制力／自我調節	**超越自我** • 追求美善 • 感恩 • 希望／樂觀 • 幽默／愛玩笑 • 靈性／意義追尋

若你想知道自己有哪些個人優點，可登入 http://www.authentichappiness.com

對於一個受抑鬱困擾的人來說，這是革命性的改變。因為你所注視和欣賞的，不再是自己的缺點，而是優點，這能增強你的自信，培植樂觀的思想。正向心理學相信，與其費很多時間企圖去改善自己的缺點（雖然有時這也是需要的），更值得投資的是用同樣，甚至多幾倍的時間和精力，去鑽研和發揮你的「突顯優點」，這樣你找到美好快樂人生的機會是加倍的。

3.5 樂於關心和幫助別人

你可能認為，要求抑鬱的人去關心和幫助別人，是天方夜譚、強人所難；因為真正需要被關心的應該是你，而非別人。你這種想法似乎非常合理，但請記住：愈是注視自己的問題，愈有可能將痛苦加倍放大。**反之，若你願意放下自我，嘗試關心周圍的人，甚至願意為他們付出，你便會更容易跳出自我的囚牢，忘卻個人的煩惱。看見別人因你的付出而得到益處，那種內心的滿足和喜悅是非筆墨所能形容**。如果你所關心幫助的對象比你的情況更壞時，你會了解到原來自己的痛苦或問題並非最嚴重。很多患情緒病的朋友告訴我們，他們受益於「觀點轉移」（perspective change）的親身經驗：他們感到煩惱像突然間縮小了一般，抑鬱情況也改善了。其實問題仍是一樣，只是他們的視野和想法改變了而已。

所以，不要以自己的問題為藉口，若果你願意關心周圍有需要、景況可能比你更不幸的人，與人分享，同行人生路的時候，你將重尋開心滿足的感覺。以下是一些具體的建議，供你參考：

- 多了解朋友的近況，特別是他們的需要
- 向鄰居表示友善親切，閒談一下
- 幫助有需要的小孩和長者
- 與人分享你的食物或餘暇
- 參加義工活動，切實幫助有需要人士

4 結語：踏上正向人生路

人生的路，光明或是灰暗不關乎運氣，大半是在乎你的心態。多培養自己的正向心理質素，是幸福快樂人生的至佳保證。當你開始經歷到上述建議所帶來的好處時，你自然會繼續追求下去，你將會發掘到更多增加快樂的方法，並更相信快樂與否真是你的選擇。

請你今天就邁出第一步，踏上正向的人生路吧！

若你每個星期都做一次以下練習的話，你的正向心理質素自可逐漸提升，對減低抑鬱定有幫助：

1.　知足感恩

過去一星期值得你感恩的事：

____

令你感到知足的是：

____

你向別人表示感激的經驗：

____

2.　尋找生活意義

你在過去一個星期覺得最有意義的活動：

____

這個活動對你的意義：

____

你可以繼續發展這方面的方法：

____

3. 建立「神馳」的經驗

你在過去一個星期享受過的「神馳」經驗：

____

你可以繼續發展這種經驗的方法：

____

4. 發揮自己的突顯優點

過去一個星期，可以發揮自己的突顯優點的活動：

____

你可以繼續發展這方面潛能的方法：

____

5. 樂於關心和幫助別人

你在過去一個星期關心或幫助別人的經驗：

____

你可以繼續發展這方面能力的方法：

____

參考資料

Csikszentmihalyi, M.(1990). *Flow: The Psychology of Optimal Experience.* N.Y.: HaperCollins.

Diener, E.(1984). Subjective well-being. *Psychological Bulletin,* 95, 542-575.

Emmons, R.A. & McCullough, M.E.(2003). Counting blessings versus burdens: A experimental investigation of gratitude and subjective well-being in daily life. *Journal of Personality and Social Psychology,* 84, 377-389 .

Emmons, R.A.(2003). Personal goals, life meaning, and virtue: Wellsprings of a positive life. In C.L.M. Keyes (Ed.). *Flourishing: The Positive Person and the Good Life* (pp. 105-128). Washington, DC: American Psychological Association.

Peterson, C. & Seligman, M. E. P. (Eds). (2004). *Character Strengths and Virtues: A Handbook and Classification.* Washington, DC: American Psychological Association; N.Y.: Oxford University Press.

Seligman, M, E. P. (2002). *Authentic Happiness: Using the New Positive Psychology to Realize Your Potential for Lasting Fulfillment.* N.Y.: Free Press.

附錄

附錄一
抑鬱症藥物治療知多少

苗延琼醫生
基督教聯合醫院
精神科高級醫生

治療抑鬱症的療法包括藥物治療、心理治療和腦電盪療法等。選擇哪一種方法，就要視乎各方面的因素，包括抑鬱症的徵狀類別、嚴重程度、可知的致病原因和過往對治療的反應等。此外，也取決於病人的個性、喜好和抉擇。不過對於嚴重抑鬱症的病人，例如有嚴重自殺傾向，出現妄想幻聽，缺損自我照顧功能，均不應單單使用心理治療。原則上，如果病人已接受了 6 至 8 週心理治療，但沒有效，均須施以藥物治療。不過，很多時候，這些療法是可以一併使用的。

1 抗抑鬱藥的效用？

正常人腦部的神經訊息是經由一連串不相連的神經細胞（neurons）來傳導，神經傳導介質（neurotransmitters）是以血清素（Serotonin），正腎上腺素（Norepinephrine）及多巴胺（Dopamine）等為主。一般相信，抑鬱症患者是因為血清素和正腎上腺素這兩種神經傳導物質不足，或受體（receptors）敏感度降低，以致神經訊息無法如正常般傳導下去而發病。而藥物就是調整失調的神經傳導介質，和恢復受體的敏感度，從而改善抑鬱的徵狀，間接提升病患者參與日常活動及接受其他治療的能力。但請緊記：藥物並不能替患者「洗腦」，所以服藥不能把患者的愉快增加，也不能把不開心的事抹走。

2 抗抑鬱藥的種類

市面上常見的抗抑鬱藥，主要分為三大類，最早期的抗抑鬱藥是三環素抗鬱劑（Tricyclic Antidepressants, TCA），選擇性血清素調節劑（Selective Serotonin Reuptake Inhibitors, SSRI）和血清素及腎上腺素調節劑（Serotonin-Norepinephrine Reuptake Inhibitors, SNRI）。

常見的三環抗鬱劑（TCA）：

藥名 Drug names	商品名 Trade names
Amitripyline	Saroten, Tryptanol
Clomipramine	Anafranil
Dothiepin	Prothiaden
Doxepin	Sinequan
Imipramine	Tofranil
Nortriptyline	Nortrilen
Trimipramine	Surmontil

這一類別的藥物，除了有抗鬱和安眠的療效外，也有其他常見的副作用，如口乾舌燥、視力模糊、心跳加速、姿勢性低血壓、小便滯留及便祕等症狀；但若持續服用，副作用會逐漸減少，而實際的情況會因人而異。一般來說，老年人、心臟有問題和前列腺腫大的人士可能不適合此類藥物。

新一代的抗鬱劑，有選擇性血清素調節劑（Selective Serotonin Reuptake Inhibitors, SSRI），這類藥物具選擇性血清素再回收抑制作用，副作用相對較三環素抗鬱劑較少。

常見的選擇性血清素調節劑（SSRI）：

藥名 Drug names	商品名 Trade names
Fluoxetine	Prozac
Citalopram	Cipram
Escitalopram	Lexapro
Fluvoxamine	Faverin
Paroxetine	Seroxat
Sertraline	Zoloft

這一類別的藥，沒有三環素抗鬱劑的副作用，卻會有噁心、失眠、嘔吐、肌肉緊張、坐立不安和性功能障礙等；但持續治療後副作用將會減少，所有以上的副作用，都會因人而異。但有研究報導指出選擇性血清素調節

劑可能對重性抑鬱症患者的療效有限。

較新一代的藥物，為血清素及腎上腺素調節劑（Serotonin Norepinephrine Reuptake Inhibitors, SNRI），這一類藥物標榜雙重效果，可以同時影響血清素和正腎上腺素，而達致較快較高的緩解率。

常見的 SNRI：

藥名 Drug name	商品名 Trade name
Venlafaxine	Efexor
Duloxetine	Cymbalta

這一類藥物的副作用，大致跟選擇性血清素調節劑相似，但可能對重性抑鬱症有更佳的療效。此外它們也沒有三環素抗鬱劑（Tricyclic Antidepressants, TCA）的問題，所以老年人、心臟有問題的病人也能服用。

其他種類的抗鬱藥：

分類	藥名 Drug name	商品名 Trade name
Norepinephrine-Dopamine Reuptake Inhibitors（NDRI）	Bupropion	Wellbutrin
	Mirtazapine	Remeron
Monoamine Oxidase Inhibitors（MAOIs）	Moclobemide	Aurorix

在香港，只有註冊西醫合資格提供以上的藥物治療。

3 有關服用抗抑鬱藥

3.1 抗抑鬱藥服用多久才能發揮效用？

抗鬱藥通常需要 2 至 4 個星期才開始見效果，要達到明顯的改善，至少需要服藥 6 至 8 週。但有些病人，特別是老年人（65 歲或以上）可能需要更長的時間（往往長達 8 週或以上）。一般來說，胃口和睡眠會先進步，然後是活力和興趣的提升，及後情緒漸佳。不過，有少數病情頑固、治療困難的個案，可能需要腦電盪治療。

3.2 要服多少抗抑鬱藥才有效？

服用抗抑鬱藥的劑量實在因人而異，要根據藥物種類、患者的身體狀況、年齡、體重等來釐訂。處方多由低劑量開始，然後漸漸增加，直至找出最有效而副作用較少的劑量。

3.3 抗抑鬱藥一般要服多久？

對首次發病的患者，一般要服 6 至 12 個月。但對於嚴重抑鬱或復發超過 3 次以上的人，則須長期服用藥物以預防再發。患者可視抑鬱症與其他內科疾病，如高血壓、糖尿病一樣，只是大腦中樞神經的內分泌失調，需要長期服用藥物來控制。這是觀念上的重大革新。

此外，藥物也不可驟然停止，必須跟醫生商量，有系統地逐步減輕劑量。否則會出現抑鬱症狀反彈的後遺症。請記着：你只是「需要」藥物，這不等同你「依賴」藥物。

3.4 除了抗抑鬱藥，醫生還會用鎮靜劑嗎？

醫生很多時還會用鎮靜劑。一般來說，鎮靜劑分兩種：重性及輕性。重性鎮靜劑（Major tranquilizers），又稱抗躁劑（Anti-manic drugs）可以醫治出現在較嚴重抑鬱症中的幻覺和妄想。輕性鎮靜劑（Minor tranquilizers），又稱抗焦慮藥（Anti-anxiety drugs）可以醫治焦慮、驚恐及失眠等徵狀。

抗躁劑通常在數日之內有效，但有時也需要 6 至 8 星期才見效。抗焦慮藥通常於一個小時內有效，效用維持數小時至一日，但這類藥物只宜短暫服用，否則會產生依賴的傾向。

市面上較常使用的抗躁劑：

藥名（Drug name）	商品名（Trade name）
Olanzapine	Zyprexa
Risperidone	Risperdal
Chlorpromazine	Largactil
Haloperidol	Haldol
Trifluperizine	Stelazine

市面上常見的抗焦慮藥：

藥名（Drug name）	商品名（Trade name）
Diazepam	Valium
Lorazepam	Ativan/ Lorans/ Lorivan
Alprazolam	Xanax
Bromazepam	Lexotan
Chlordiazepoxide	Librium

3.5 醫生還會使用別的藥物嗎？

有時候醫生的確會使用其他藥物。因為有些抑鬱症，不只是單向性的抑鬱症，而是躁狂抑鬱症的其中一面，病人之後有可能出現躁狂的另一極端。另一種可能性是「鬱躁症」。這病跟躁狂抑鬱症不同之處，是病人相對地較長時間處於抑鬱狀態，而它「輕躁」時，程度上又比較溫和，破壞性和嚴重程度比「狂躁」少得多，病人往往樂在其中，而不會感到有需要治療。親人可能覺得病人跟往常不同，但一般人未必能輕易察覺，可能以為這只是一般情緒上的起跌。但它與抑鬱症不同的是患者至少一次出現持續兩天或以上的「輕躁期」，輕躁的表現是情緒高漲，思想奔騰及說話不停等現象。

值得注意的是，鬱躁症患者的濫藥和酗酒情況都比單向抑鬱症嚴重。這令醫生分不清情緒失調的狀況是跟飲酒藥物有關，或是情緒病本身的病徵。

根據統計，約有一成單向抑鬱症病人會轉為鬱躁症，而當中又有一成鬱躁症的病人轉為躁狂抑鬱症。

總的來說，鬱躁症的治療，跟單向抑鬱不同，這類病人對抗抑鬱藥的反應不單不理想，還會加速情緒病的兩極轉換，會誘發情緒病的混合狀態，令病人的自殺率更高，甚至誘發為躁狂症，需要入院治療。鬱躁症和躁狂抑鬱症的治療較為類似，主要是藥物治療，其他的治療都只是輔助性的。

一般來說，醫生會針對患者病情的需要，以不同分量配合服用以下的 4 類藥物：情緒平穩劑（Mood stabilizer），抗躁劑（Anti-manic drugs），抗焦慮藥（Anti-anxiety drugs）和抗抑鬱藥（Antidepressant）。

市面上常見的情緒平穩劑：

藥名 Drug name	商用名 Trade name
Lithium（鋰）	Camcolit
Sodium Valproate	Epilim
Carbamazepine	Tegretol

鋰是用了最長時間和最有醫學實證支持的情緒平穩劑。鋰可以醫治躁狂抑鬱症，亦可穩定情緒；在大多數情況下，服藥後都能減少情緒波動的次數、幅度及時間。

鋰通常要服用幾個星期，甚至幾個月才有效。此外，醫生要經常檢驗血內鋰的分量。因為分量太少會無效，太多則會產生危險的副作用。

鋰的副作用包括視覺模糊、口渴、輕微手震、肌肉無力、肚瀉及體重增加。這些副作用通常在數星期內出現。如果服藥後出現說話不清、作悶作嘔、全身無力、過分嗜睡、不停手震等，應立刻停止服用，並告知醫生。若你真的接受不了鋰，可轉用其他藥物，以達療效。

4 對藥物抗拒怎麼辦？

不少抗拒藥物的患者，多認為情緒病是心理病，所謂「心病還需心藥醫」，認為接受輔導才是合理，才可以改善問題。另外患者還擔心藥物對外表產生的副作用，令人一眼望上去就給人標籤為精神病患者。也有患者怕用藥後就從此「依賴」藥物，欲罷不能；怕用藥好像遭「洗腦」一般，影響自己的意志思維，不再自由自主。也有患者感到服藥代表了自己性格的缺陷和軟弱等。

其實治療的成效不能一概而論，我們認為你應對治療方法先認識清楚才作選擇，這樣才有助治療順利進行。若你對所服用的藥物尚未認識，請參閱並考慮下列的建議：

4.1 適當的態度

目前的醫學研究説明了抑鬱病與生理是有關的。抑鬱時，神經傳導介體會出現問題。但專家並不能肯定是介體不平衡導致抑鬱，還是抑鬱導致介體改變。這個「雞與雞蛋」的問題在科學上未有確實答案，但研究指出藥物具有對抗抑鬱的成效。在服用藥物時，我們應抱着正面的態度，不妨跟自己説：

- 服藥只是克服抑鬱的其中一部分，不要太專注在藥物的問題上，把困擾擴大。
- 藥物不會將患者「洗腦」，當然也不能把苦惱帶走；但它可以減輕抑鬱的徵狀，提升動力及接受其他心理行為治療的能力。
- 抗抑鬱藥本身並不會令患者「上癮」。
- 藥物有時是必需的，但要知道不能單靠藥物治療。每個人仍需要為自己的生活負責，學習改善及提升情緒的方法，例如定時運動、與人傾訴、改變思想模式習慣等。

4.2 與醫護人員有效的溝通

根據美國健康及人道服務部門建議，與醫生會面時，病人可參考以下要點，主動提問有關治療的資料，了解藥物對自己的果效：

(1) 依時覆診及如實告知病情

(2) 向醫生提問對藥物的疑慮：

- 在什麼時候適宜服用藥物？
- 有什麼副作用？若出現副作用，可以如何處理？
- 有什麼要忌吃的？
- 可以跟其他藥一起服用嗎？
- 如果忘了用藥，該怎麼辦？

(3) 遵照醫生指示服藥

(4) 把你的副作用告訴醫生

(5) 告訴醫生你服藥後的感覺和效果

5 結語

以上所介紹治療抑鬱症的精神科藥物，都必須由專業註冊西醫處方，不能自行配藥，否則後果可以極嚴重。所以，若你認為自己的情緒出現問題，可能需要藥物方面的治療，應儘快尋求專業醫生的診治。

附錄二

愛在情緒病了時：家屬親友錦囊

黃建慧
註冊社工

本章對象是抑鬱症患者的照顧者，包括至愛、家屬和朋友。由於抑鬱症會製造「漣漪效應」，讓患者身邊的人也不好受，使他們在支持和照顧的過程中，感到無助、失望、憂慮，若未能得到足夠的指引和鼓勵，照顧者也易感到身心疲累，影響自己的健康、與家人的關係。本章不單提供一些合宜的技巧和方法與患者相處，更重要是讓照顧者明白，好好愛惜自己的情緒才是幫助患者的第一步。

話你知

當所愛的人患了抑鬱症

究竟抑鬱症對患者身邊的人有多少影響呢？

蘿拉．艾普斯坦．羅森及哈維亞．法蘭西斯的著作《當所愛的人有憂鬱症》（*When Someone You Love is Depressed*）裏列舉了一些研究，回答這個問題：

- 抑鬱症令患者變得倦怠、情緒起伏不定，對社交生活失去興趣，與患者最接近的人常感到生氣、沮喪和筋疲力竭。
- 若配偶有抑鬱症，他們的焦慮和抑鬱比率較沒有抑鬱症配偶的人為高，而離婚的機會率亦比一般夫婦高 9 倍。
- 當大學宿舍的同房患上抑鬱症，受訪的學生表示他倆的衝突與爭執會較多，溝通較不直接，患者的行為甚至令同房搬離。

1 抑鬱症患者對家屬親友的影響

1.1 家庭的日常運作

抑鬱症患者在患病期間，時常欠缺動力投入日常生活，直接影響跟他們同住的人。例如妻子一直負責家人飲食和家務，患了抑鬱症後便沒有心情打掃和做飯，若家庭成員不分擔家務，家人的作息程序便會大亂；丈夫因病不能上班，最直接影響家庭收入，若家人不妥善處理家中財政，便容易在錢財問題上起衝突。除了這些實質的生活問題外，家人的情感關係亦有所變化，例如伴侶因病提不起勁，大大影響夫妻的性生活，或是假日未能帶孩子外出遊玩，令孩子感到自己的需要被忽略。若家人不理解和接受箇中的轉變，並未意識到要調節對患者的期望，仍然以為患者可以應付往昔在家庭中的角色和責任，這樣可能會加深患者的內疚感；同時，家人因不適應亦會產生抱怨、氣餒等負面情緒，令整個家庭的氣氛變得消沉。

1.2 家人的想法和反應

抑鬱症患者的負面思想，容易將事情嚴重化、個人化，而且會偏向悲觀，而這些想法往往透過行為和說話表達。有時患者希望得到家人關心和諒解，例如家人忘記提醒服藥，患者便認為他們不關心自己，以抱怨或不理睬來抗議；或者將所有責任歸究自己，例如不想因病為家人帶來負擔，而拒絕透露病情和接受別人幫助。對於朝夕相對的家人而言，若未能理解他們的行為或言談背後的意思，便會對患者的表現顯得無所適從，難以溝通，可能出現以下的反應：

- 徒勞無功——自覺不論付上多少的關心和努力，也幫不到患者，質疑自己的能力，過分的憂心令自己也陷入沮喪、失望、憤怒等情緒；
- 置之不理——為免被患者誤會而不開心，亦不想事事被患者錯怪，便儘量避免跟患者溝通，實行以「少做少錯」的態度面對，以為這樣可以減少衝突，其實是害怕承受當中的壓力；

- 先發制人——認定患者問題多多，當他的行為和説話一有出錯，便故意挑釁，希望儘快更正他的問題；並且變得事事提防、敏感和衝動，不再相信患者，最終迫使雙方的關係變得緊張。

1.3 家人的壓力

家人一方面擔心抑鬱症患者，身心疲累，同時亦要承受外界的壓力。由於社會人士對抑鬱的認識仍未全面，不少人十分介意被人知道自己的家人要接受精神科診治，患者被標籤為「精神有問題」、「情緒失控」、「無用」或「撞邪」等，以致連累整個家庭亦遭歧視。例如父母患病，子女避開談論家庭，怕同輩看扁自己；在職人士更不願透露真相，以免被同事在背後説閒話，並被上司懷疑自己的工作能力，以致飯碗不保。當家人愈不接受，這類無形的壓力便愈大。再者，若患者的病情反覆或家人之間產生衝突，負面的情緒便不自覺地帶到日常生活中，間接影響工作／學習的表現及人際關係。

1.4 重新認識如何對待家人

抑鬱症仿如為患者和整個家庭帶來一場風暴或一場災難。然而，災難的來臨也非毫無意義，因這可能是個轉機，叫每一位家庭成員認清自己對家人的期望，檢視自己對待家人的態度。都市人各有各忙，為生活為金錢奔波，很少投放時間陪伴和關心家人，每每到了家中發生問題，才願意停下來了解對方；例如孩子終於發現媽媽沒動力做飯，自己便要「捱飯盒、食杯麪」，日子久了，方醒覺親人的付出絕非必然。

東方人傾向收藏自己的感情，不習慣向最親近的人表達內心感受，就算表達關心，多半間接地以行動替代。照顧患者實在不是容易的，必須多陪伴，多聆聽和多慰問，需要家庭成員拿出真心和誠意互相溝通。既然事情發生了，要回復家庭昔日美好的光景，認真正視問題和積極處理，才是幫助患者的不二之選。

討論區

我的家庭也抑鬱

自從阿蓉的媽媽患上抑鬱症後，她怕媽媽長期獨自在家，會因情緒低落而沒有動力自理，沒有別人陪伴會胡思亂想；於是她毅然辭退工作，專心一致負起「照顧」母親的責任。阿蓉每天陪伴媽媽外出散步、跟她吃飯看電視、覆診等，可惜媽媽的病情一直沒有太大改善。

有一天，阿蓉因急事外出，惟有留下媽媽獨個兒在家。怎料回家後，發現媽媽不見了，她通知哥哥，卻被責備沒有盡力照顧媽媽。在這徬徨無助的一刻，阿蓉忍不住哭泣起來；就在此際，媽媽在樓梯口出現，返回家中，表示在家沒事幹，便出去走走吹吹風。

經此事後，阿蓉便對媽媽和其他家人的反應變得很敏感。她要求媽媽要先得她同意才能外出，媽媽覺得受控制，時常跟她爭拗；哥哥和親戚來訪，她便滿腹嘮叨，不斷抱怨自己照顧不好媽媽，家人聽了都感到煩厭，與她保持距離。阿蓉愈來愈感覺被孤立，一心照顧媽媽卻換來委屈，經常暗自落淚和失眠。一次陪媽媽覆診的時候，禁不住向醫生透露了自己的苦況，最後經醫生評估，證實亦患上抑鬱症。

想一想：

1. **阿蓉在照顧媽媽的過程中，遇上什麼壓力？**
2. **你認為其他家人可以怎樣去支援這類照顧者？**

2 共渡康復之路——與抑鬱症患者相處的祕訣

2.1 正確認識，有助了解患者病情

認識和掌握有關抑鬱症的資訊，是家人或照顧者幫助患者的第一步。家人可以從了解抑鬱症的徵狀、類別、成因和治療方法開始。本書就提供了不少有關資料，這類資料讓家人明白，抑鬱症患者若得到適當的治療，病情是會好轉，甚至康復的。另外，多一點認識，令家人對患抑鬱症的人多一份體諒，患者往往因情緒抑鬱而失去生活動力，精神難以集中，這些

明顯的變化並不等於「懶惰」、「善忘」、「情緒化」等，家人的誤解減少了，自然能更正面地與患者相處。更重要的是，照顧者可利用更多有用的資料，幫助觀察患者的康復進度，留意患者復發和自殺的先兆。情況嚴重的話，應鼓勵患者儘快尋求專業人士的診治，避免病情惡化。

2.2 接受患者的病況

相對上一項，這點並不容易辦到。上文提及家人對患者病情的觀察是十分重要的，目睹親人病情好轉，自是可喜；奈何眼見患者情況反覆或轉壞，當然倍感擔心和焦急，希望用盡方法協助患者改善病情。更有家人假設，只要患者依時覆診，按時服藥，就會自動「復元」，變回一個開心無憂的人。然而，抑鬱症不同一般的生理疾病，既牽涉生理和心理的問題，更與患者的成長背景和身處環境有關，治療必須全面和經過一段時間才能痊愈。此時，家人面對患者情況不穩定，應該學習調整期望，理解和接受患者在不同階段出現的情況和限制，例如重性抑鬱症患者多不想外出，這時家人宜多留家中陪伴患者，在取得信任後，才鼓勵患者與自己一起外出，參與多些活動。

2.3 了解感受，細心聆聽

與抑鬱症人士相處的最大考驗莫過於如何回應對方負面的自我評價。很多患者會認為自己毫無價值，所有問題都是自己一手造成，例如患者覺得要家人陪伴會造成家庭的負擔，家人的好言相勸會令自己感到一無是處。若家人不斷聽到患者自怨自艾，心情必不好受。每當我們心情不好時，很自然會分析誰對誰錯的問題，並跟自己說：「早知我就不提他服藥」；「我又說錯話令他傷心」；「他太敏感了，連一件小事也會大發雷霆」。

家人面對患者經常性的負面思想，首先別要責怪患者和自己，嘗試冷靜下來，提醒自己患者非常需要別人的諒解，聆聽是此刻最有效的方法。聆聽不單是「你說我聽」，而是暫時放低自己的看法，耐心揣摩對方話語背後的感受，真正了解對方的意思和期望，並以同理心回應。現在請大家試試如何回應患者：

患者：「我真的沒胃口，你何解要逼我吃飯？你根本不明白我的心情！」

甲：「我勸你吃飯是為你好，身體欠營養何來精神好？我也是關心你才這樣說，你竟來怪我逼你……」

乙：「我明白你有時會不想進食，特別是心情惡劣的時候，我希望你能告訴我你的心情……飯，我會放好，你想吃便告訴我。」

你認為患者聽了甲還是乙的話，心情會平復下來？或許甲的話是家人的內心感受；但在此時強加解釋，很容易會變成指責、教訓或針鋒相對，使雙方的情緒變壞，誤會加深。乙的話包含了體諒和關心，尊重患者感受，較容易接受。當然家人和照顧者自己的感受也不能忽視，一方面家人應找其他人傾訴；更重要是，與患者保持坦誠的溝通，待患者心情平靜，再向對方表明自己的想法。表達時要保持平靜，以柔和的語調，清晰地慢慢說出來。

2.4 堅持愛是最佳良藥

治療抑鬱症並非純粹是專業人士和患者的責任，家人的參與絕對是患者康復的良藥。康復的路可能很漫長，對病者和其親人來說很難熬，我們惟有堅守一份愛的信念，相信每個人也有改變的可能，並給予無比的耐性和堅定的支持，與患者一起合力對抗所遇見的問題，這才可以看到曙光。家人必須從經驗中學習，只要多主動與患者溝通，取得實質而可貴的回饋，可鞏固家人之間的關係，是戰勝抑鬱的最佳武器。

提提你

照顧者必須清楚自己的能力，衡量自己在什麼時候和情況下照顧患者。應緊記自己的角色是協助者、支持者，而非傭人，不要侍候患者一切生活和情感的需要。嘗試以聆聽和認同的態度相處，而非處處提示對方如何解決問題；否則，只會助長患者變得依賴，對自己的病情不作任何努力，失去改變的動力。

3 照顧自己

3.1 善待自己，平衡生活

抑鬱症帶給家人最直接的影響是，改變了日常作息和生活習慣，尤其照顧者更因長期陪伴患者而減少了屬於自己的空間。家人應儘量維持平常參與的活動，例如每天給自己獨處的時間，做運動或喜歡的事，每週仍舊約會朋友外出，這樣既可以給自己喘息的空間，亦是重新振作和充電的好時機。過分專注於病人的一舉一動，忘記了自己的身體和情緒，很容易不自覺地被抑鬱所傳染。善待自己並不代表自私。照顧自己的健康，長遠而言，是讓自己更有力量幫助對方。

3.2 適當處理壓力

家人別要只着眼照料患者的健康，而忽視自己的感受，必須學習處理個人的壓力。壓力出現，往往是由於現況與期望有很大距離。壓力的徵狀會透過生理（頭痛、呼吸困難和腸胃不適等）、情緒（脾氣暴躁、緊張等）和行為（坐立不安、逃避等）三方面顯示出來。上述提及的正面認識、接受現況和溝通技巧的運用，絕對可以改善家人的無助感。同時，家人要主動表達內心的感受，可行的方法包括進行運動、鬆弛練習和書寫感受等。當發現獨個兒不能承受這麼大的壓力時，應找其他人分擔和求助，必要時可考慮接受輔導，參加管理情緒課程或加入互助小組，尋求更有效的減壓方法。

3.3 照顧者也需要支持

每個人面對難題時，難免出現脆弱的時候，需要別人支持是理所當然的事，互助的力量是人在逆境中最重要的資源和支柱。當照顧者感到疲累時，身邊的人可以送上慰問和鼓勵，給予照顧者實質的支援，例如照顧者需要休息時，其他家人可暫代其位置。社區裏有不少機構願意協助照顧者處理日常生活和情感的需要，詳情可參考〈參考資訊：為患者和家屬提供的社區資源〉（頁 260）。

參考資料

蘿拉．艾普斯坦．羅森及哈維亞．法蘭西斯著、魏嘉瑩譯（2003）：《當所愛的人有憂鬱症》。台北：張老師文化。

參考資訊：為患者和家屬提供的社區資源

(1) 熱線服務

	查詢電話
香港心理衞生會 24 小時心理健康資訊熱線	2772 0047
浸會愛群社會服務處精神健康綜合服務	2535 4135
醫院管理局 24 小時精神科熱線	2466 7350

(2) 抑鬱症患者 / 家屬互助小組

	查詢電話	網址
「與抑鬱症共舞」支援小組	9094 6592	http://www.dancewdepressionsg.org
同路人網絡	8101 5110	http://www.companion-network.org
家連家精神健康倡導協會	2144 7244	http://www.familylink.org.hk

(3) 情緒健康教育課程

	查詢電話	網址
香港心理衞生會	2528 4656	http://www.mhahk.org.hk
香港明愛心理健康輔導計劃	2649 2977	http://family.caritas.org.hk/index.php
香港家庭福利會「以家為本」心理健康服務	2527 3171	http://www.hkfws.org.hk
香港神託會青年新領域	2647 8816	http://youthoutlook.stewards.org.hk
聯合情緒健康教育中心	2349 3212	http://www.ucep.org.hk
香港大學中國認知行為治療研習及訓練中心	2299 0137	http://ccbt.sw.hku.hk

(4) 網頁

	網址
憂鬱小王子	http://www.depression.edu.hk
情報新地	http://www.sundaemood.hk
Beyond Blue	http://www.beyondblue.org.au
Depression-guide	http://www.depression-guide.com
Mental Health Foundation	http://www.mentalhealth.org.uk

(5) 中文書籍

1. 蕭宏展（2001）著：《躍出深淵 —— 抑鬱症的成因與治療》。香港：突破出版社。
2. 青山醫院（2002）編：《戰勝抑鬱》。香港：明窗出版社。
3. 湯國鈞、何敏賢、李智群、李靜慧（2004）著：《回到開心時 —— 情緒管理 DIY》。香港：突破出版社。
4. 李誠（2004）著：《談情說病 —— 漫談情緒病》。香港：天健出版社。
5. 黃富強（2005）主編：《走出抑鬱的深谷 ——「認知治療」自學 / 輔助手冊》。香港：天健出版社。
6. 郭碧珊（2005）著：《為情所困 —— 走出情緒病深淵》。香港：經濟日報出版社。

認識抑鬱相關書籍

《誰偷走了我的快樂——應對負面情緒自助手冊》

湯國鈞 等著

抑鬱、焦慮、擔憂、憤怒是你經常出現的情緒嗎？其實，你毋須受制於它們，這本情緒自助手冊內容及練習可以幫助你鍛煉情緒健康，回復快樂心情。

《抑鬱症，你還未懂的10件事》

徐理強著

情緒不好不等如抑鬱？身體有什麼徵兆？抑鬱症是心理問題？生理疾病？抑鬱症與基因和環境有關？抑鬱症究竟有多普遍？信仰對病人有幫助嗎？為何治療效果不理想？如何追尋快樂，遠離抑鬱？釐清真相，走出抑鬱幽谷。

《擺脫憂癮》

林建榮著

憂慮是人之常態，也是一種幫助我們面對困難的信號。然而我們常有一些「憂癮」，當人面對不可知的將來、不能控制的處理、社交場合、人際關係、甚至犯了錯，都會令我們擔心、害怕、憂慮。本書除為你溯源，也教你一點處理方法，或者反省個人待人處事的價值觀；不過更重要的是，鼓勵讀者敢於面對憂慮，接納它，克服它。

《解開抑鬱》

李耀全 等著

集合多位專業人士，從醫學、心理學、社交、靈性各個角度認識抑鬱的事實與治療，結語篇透過正向心理學的啟示，尋找長遠快樂的路徑。

心理與栽培系列

心理診療所

書名	作者
抑鬱症，你還未懂的10件事	徐理強
圖解精神健康	張力智
焦慮自療	湯國鈞、江嘉偉、陳佩珊
解開抑鬱	李耀全等
孩子確不笨 ——「百分百」感統訓練活動	葉張蓓蓓

生活與輔導

書名	作者
邊個想返工 —— 拆解職場新丁49道難題	伍詠光、林峰、馮文傑、萬樂人、廖燕萍
下流世代的上流生活	吳渭濱、區祥江
輔導小百科（增訂版）	區祥江
會哭才是真男人	曾立煌、區祥江
我要真關係 —— 在人際中解結與成長	區祥江
無朋友	周偉豪、廖暉清等
勇敢做自己	伍詠光
婚姻，你真的懂？	上官賢恩、蔡元雲等
情難捨 —— 為誰而愛，為何相分？	霍玉蓮
改寫未來的9種生存力	區祥江、周偉豪、區穎珩
工，唔係咁打！	伍詠光
情緒有益	李兆康、區祥江
幸福的實踐 —— 婚姻輔導解構	黃麗彰
總有一次失戀	馬妙如、區祥江等
化解婚姻中的13種危機	區祥江
戀愛出事的理由	伍詠光
100分情人必修課	溫淑芳